THE COLLECTED TRANSLATIONS
OF WESTERN CLASSICS ON LEGAL LOGIC

西方法律逻辑经典译丛
熊明辉 丁利 主编

〔荷兰〕巴特·维赫雅 著 *Bart Verheij*
周兀 译

Virtual Arguments
On the Design of Argument Assistants for
Lawyers and Other Arguers

虚拟论证
论法律人及其他论证者的论证助手设计

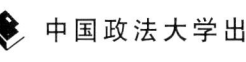

中国政法大学出版社

2016·北京

虚拟论证
论法律人及其他论证者的论证助手设计

Translation from English language edition:
Virtual Arguments: On the Design of Argument Assistants for Lawyers and Other Arguers
by Bart Verheij

Copyright© 2005 ITeR, The Hague, and the author
T. M. C Asser Press/Springer Berlin Heidelberg
Springer Berlin Heidelberg is a part of Springer Science + Business Media
All Rights Reserved

版权登记号：图字 01-2015-8709 号

出版说明

"西方法律逻辑经典译丛"系列图书翻译项目由教育部普通高校人文社会科学重点研究基地中山大学逻辑与认知研究所、广东省普通高校人文社会科学重点研究基地中山大学法学理论与法律实践研究中心以及中山大学法学院公共政策与法律制度设计研究中心共同策划,该系列图书由中国政法大学出版社出版。入选本译丛书目的图书均为能够代表"西方法律逻辑"最高学术研究水平的经典著作,计划书目为开放式,既包括"西方法律逻辑"经典教科书,又包括其经典专著。首批由广东省"法治化进程中的制度设计与冲突解决:理论、实践与广东经验"项目资助出版,共推出9本译著,分别是《法律与逻辑》、《法律逻辑研究》、《法律推理方法》、《诉讼逻辑》、《论法律与理性》、《法律论证:有效辩护的结构与语言》、《前提与结论:法律分析的符号逻辑》、《建模法律论证的逻辑工具》、《虚拟论证：论法律人及其他论证者的论证助手设计》。同时，该 9 本译著也是熊明辉教授承担的国家社科基金重点项目"全面推进依法治国的逻辑理性根基研究"（2013）、广东省高等学校珠江学者岗位计划资助项目（2013）和中山大学重大培育项目"依法治国的逻辑问题研究"（2013）联合资助的一项重要成果。他山之石，可以攻玉。相信本译丛之出版不仅有助于推动我国法律逻辑教学和研究与国际接轨，而且为法治中国建设提供一种通达法律理性和逻辑理性、实现公正司法的工具。

熊明辉　丁　利
2014 年 6 月 8 日

总　序

　　法律逻辑有时指称一组用来评价法律论证的原则或规则，其目的是为法律理性和法律公正提供一种分析与评价工具；有时意指一门研究法律逻辑原则或规则的学科，即一门研究如何把好的法律论证与不好的法律论证相区别开来的学科。

　　自古希腊开始，法律与逻辑就有着密不可分的联系，甚至可以说，逻辑学实际上就是应法庭辩论的需要而产生的，因为亚里士多德（Aristotle）《前分析篇》中的"分析方法"后来演变成"逻辑方法"，它实际上是针对当时的智者们的论证技巧而提出来的，这些智者视教人打官司为基本使命之一。亚里士多德把逻辑学推向了对普遍有效性的追求，这导致了这样的结果：论证的好坏与内容无关，而只与形式有关。19世纪末，亦即在弗雷格（Frege）发展出了数理逻辑之后，"形式逻辑"一度成为"逻辑"的代名词。法律与逻辑的关系似乎渐行渐远。因此，有人说逻辑

虚拟论证
——论法律人及其他论证者的论证助手设计

就是形式逻辑，根本不存在特殊的法律逻辑，故法律逻辑至多是形式逻辑在法律领域中的应用。事实上，法律推理确实有自己的逻辑，并且这种逻辑指向的是与内容相关的实践推理。正因如此，如佩雷尔曼（Perelman）所说，在处理传统上什么是法律逻辑的问题时，有人宁愿在其著作中使用"法律推理"或"法律论证"之类的术语，而避免使用"逻辑"一词。

20世纪50年代，以图尔敏（Toulmin）和佩雷尔曼为代表的逻辑学家们开始把注意力转向实践推理，特别是法律推理领域，开辟了法律逻辑研究的新领域。特别是非形式逻辑学家与论证理论家们把语境因素引入到日常生活中真实论证的分析与评价上来，这为法律逻辑研究找到了一个很好的路径。如今，法律逻辑研究需要面对"两个大脑"：一是"人脑"，即法官、律师、检察官等法律人是如何进行法律论证的；二是"电脑"，即为计算机法律专家系统中法律论证的人工智能逻辑建模。前者的逻辑基础是非形式逻辑，而后者的逻辑基础是形式逻辑。如果说形式逻辑对论证的分析与评价仅仅是建立在语义和句法维度之上的话，那么，非形式逻辑显然在形式逻辑框架基础之上引入了一个语用维度，因此，我们不再需要回避"法律逻辑"这一术语了。

熊明辉　丁　利

2014 年 5 月 31 日

译者引言

本书是一部人工智能与法的典范之作。全书不仅涉及可废止论证的理论方面,而且从应用角度对可视化界面的设计进行了探讨。

区别于经典演绎推理的单调推理模式,可废止论证所运用的是一种非单调推理方式,其中的被证成结论并非总是成立的,在引入一定理由后,先前已证成的结论也能被推翻。正是这种可废止的论辩性质,奠定了本书所讨论的四个关注点之基础。在通常所涉及的理由对结论之支持的基础上,作者还引入了结论的反对理由,从正反两方面衡量论证的证成状态。在对论证的依据进行讨论时,不但涉及关于支持的依据,同时还考虑到关于反对的依据,这对先前的一些论证理论之依据范围进行了拓展。论证是一个阶段性的过程,期间有支持或反对之理由的引入并可导致原有论证格局产生变化,因此本书所讨论的论证构建过程是逐步推进的。关于论证之评价,也并非用经典有效性来演绎，而是以证成状态取而代之，并且这种证成状态可根据阶段之改变发生变化。

  关于系统的设计，特别值得注意的是论证辅助系统与自动推理系统之区别。长久以来，对于自动执行各种推理任务的计算机系统，人们始终怀揣着美好的期许。然而受困于现实的局限，诸如语言理解和法律决策仍然有着广泛复杂的问题，知识的获取与表达至今困扰着人类。论证辅助系统却能绕开此类瓶颈问题，它们通常结合计算机与人类各自之优势，正如文字处理系统协助用户完成任务那样，论证辅助系统能对论证任务给予帮助。

  全书从关涉支持与反对的论争、关涉依据的论争、理论构建和论证评价这四个论证关注点着手，系统地探讨了 Argue!、ArguMed 2.0 和 ArguMed 3.0 三个论证助手的论证理论及程序设计，在对其与他人之论证调停者进行简单比较后，基于四个关注点对各个可废止论证理论进行了梳理。本书不仅适用于从事人工智能与法研究的学者，还可为法律学家、论证理论家及有关的法律人提供一定的支持。

周　兀
2015 年 7 月

中文版序言

论证是一个旨在平衡各种立场与利益的互动过程。论证是一种日常现象：我们就去哪家餐厅与朋友发生争执；政治家们就如何组织社会开展讨论；法庭上的各方就某个刑事案件中到底发生了什么进行争辩。论证通常涉及冲突，其明确阐述于为支持与反对不同立场所制定的论证中，其中不同立场与各种利益相关联。通过对论证进行学术研究，可以获得一种关于论证如何用理性与合理的方式帮助解决冲突的更好的理解。

论证研究是一个从不同视角开展研究的跨学科领域：理论系统视角、自然系统视角和计算系统视角*（图1）。理论系统视角注重理论与形式的方法，例如运用哲学或数学背景，典型成果为论证的理论模型或逻辑模型。自然系统视角注重论辩的自然、实证语境，例如在家庭、议会或法

---

* 即人工系统视角。——译者注

虚拟论证
——论法律人及其他论证者的论证助手设计

庭争论中出现,典型成果为案例分析和评价指南。人工系统视角注重论辩的技术、计算研究,例如在计算机科学或人工智能中出现,典型成果为软件系统及相关算法。

图 1　关于论证的视角

(Frans van Eemeren *et al.*,2014,p. 617)

本书给读者提供了论证这个跨学科领域的学术探究说明。全书所呈之研究是结合三个视角来开展的,如图1所示。在这三个视角中,人工系统表现得最为突出,有3章涉及论证支持软件的设计——Argue!(第2章)、ArguMed 2.0(第3章)和基于DefLog的 ArguMed 3.0(第4章)。通过支撑所呈软件设计的形式论证模型,理论系统视角也得到强有力的表示:Argue!的设计接近于笔者论文(Verheij,1996)中所开发的CumulA形式体系。ArguMed 2.0的设计激发了新论证形式体系DefLog(Verheij,2003a)的产生,这转而给ArguMed 3.0软件之设计提供了形式基础。自然系统视角在整本书中占据重要位置,作为与真实论证相关联的系统,它对所呈现的软件工具与形式模型之设计有着重要影响。特别是法律中的论证已成为一种灵感之源,它产生了有关软件设计及相关形式体系的有意义之修改。从Argue!开始到ArguMed 2.0,再到基于DefLog的 ArguMed 3.0,理解这种研究历史的一种方式是它们各自更好地适应了从事真实论证之论证者的需求。正如本书所呈报的,笔者对ArguMed 2.0和基于DefLog的ArguMed 3.0都进行了用户研究的

中文版序言

评价。

自本书第一版出版（2005年）之后，论证的跨学科研究有着持续的繁荣。论证的非形式与形式方法之间产生了不断深化的交流。例如，沃尔顿（Douglas Walton）、里德（Chris Reed）和马卡尼奥（Fabrizio Macagno）2008年的《论证图式》一书整合了图1的各个视角；范爱默伦（Frans van Eemeren）及其同事2014年的《论证理论手册》书中有一章致力于人工智能中之论证；并且有活跃的跨学科团体之研究者从事论证研究，聚焦于国际系列会议（例如，ISSA、OSSA、ECA）。同样，论证的形式与计算研究在一个活跃发展的团体中开展，并有其自己成功的双年系列会议：从2006年开始举办第一届论证计算模型国际会议在利物浦，之后的会议在图卢兹（2008）、代森扎诺－德尔加达（2010）、维也纳（2012）、皮特洛赫里（2014）召开，并且下一届预期在波茨坦（2016）举行。

全书所讨论的问题涉及之主题由来已久，但于今天仍有着重要意义。第6章用关涉支持与反对的论争、关涉依据的论争、论证评价和理论构建作为主题来探讨可废止论证理论，并且它们各仍为活跃研究的对象。在本书所提出的三大软件系统设计中，基于DefLog的ArguMed 3.0抓住了理论、人工和自然系统视角之间罕有的平衡：它整合了牢固的形式基础（与董番明的抽象论证相兼容）、以用户研究评价的软件设计和建模相关于真实论辩之基本元素的论证。

本书第一版出现于约10年前。今后10年我们将有何展望？已经启动的有三大发展：首先，我们可以期待论证模型的一种标准化，它更好地解释了论证如何与逻辑学和概率论紧密相连（Verheij，2014a；2014b）。其次，我们可以期待论证技术的真实应用，

虚拟论证
——论法律人及其他论证者的论证助手设计

例如在论证助手、在线冲突解决工具和证据与材料的解释上之应用（Verheij *et al*，2015）。最后，我们可以期待论证的非形式与形式方法之间的深层联系，两者间的界限将变得更为模糊（Frans van Eemeren *et al*，2014）。可以说，此领域的首要目标应是消除论证之形式与非形式研究间的界限，或至少使其变得无关紧要。

巴特·维赫雅

2015年7月于格罗宁根

致谢

  本书荣幸得到翻译，为此我要感谢熊明辉教授，并感谢他邀请我访问中山大学逻辑与认知研究所（2013）。我深切地记得那些卓有成效的互动、生动的讨论及特别的款待。我要感谢魏斌在我停留广州期间亲切地带我参观各处。我要感谢周兀仔细阅读并翻译此书。

参考文献

van Eemeren, F. H., Garssen, B., Krabbe, E. C. W., Snoeck Henkemans, A. F., Verheij, B., & Wagemans, J. H. M. (2014). *Handbook of Argumentation Theory*. Dordrecht: Springer.

Verheij, B. (2014a). To Catch a Thief With and Without Numbers: Arguments, Scenarios and Probabilities in Evidential Reasoning. *Law, Probability and Risk*, 13, 307-325. doi: 10.1093/lpr/mgu011.

Verheij, B. (2014b). Arguments and Their Strength: Revisiting Pollock's Anti-Probabilistic Starting Points. *Computational Models of Argument. Proceedings of COMMA*

2014 (eds. Parsons, S. , Oren, N. , Reed, C. , & Cerutti, F.), 433 – 444. Amsterdam: IOS Press. http://dx. doi. org/10. 3233/978 – 1 – 61499 – 436 – 7 – 433.

Verheij, B. , Bex, F. J. , Timmer, S. , Vlek, C. , Meyer, J. J. , Renooij, S. , & Prakken, H. (2015). Arguments, Scenarios and Probabilities: Connections Between Three Normative Frameworks for Evidential Reasoning. *Law*, *Probability & Risk*.

相关软件

Argue! (Chapter 2), ArguMed 2. 0 (Chapter 3) and ArguMed 3. 0 based on DefLog (Chapter 4) 可于 http://www. ai. rug. nl/ ~ verheij/aaa/ 下载。

Preface to the Chinese Translation

Argumentation is an interactive process aimed at the balancing of different positions and interests. Argumentation is an everyday phenomenon: we argue with our friends which restaurant to go to; politicians argue how to organize society; and parties in court argue what has happened in a criminal case. Argumentation typically involves a conflict, made explicit in the arguments that are produced for and against the different positions that are connected to different interests. By the scholarly study of argumentation, a better understanding can be achieved of how argumentation helps the resolution of conflicts using rational and reasonable means.

The study of argumentation is an interdisciplinary field, studied from different perspectives: the theoretical systems perspective, the natural systems perspective, and the computational systems perspective (Fig-

Preface to the Chinese Translation

ure 1). The theoretical systems perspective emphasizes theoretical and formal approaches, for instance using a philosophical or mathematical background. Typical outcomes are theoretical or logical models of argumentation. The natural systems perspective emphasizes the natural, empirical context of argumentation, for instance as it appears in debates at home, in parliament, or in court. Typical outcomes are case analyses and evaluation guidelines. The artificial systems perspective emphasizes the technical, computational study of argumentation, for instance in computer science or artificial intelligence. Typical outcomes are software systems and associated algorithms.

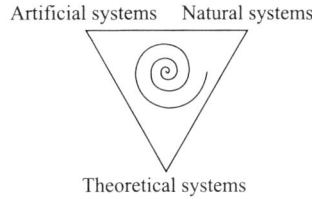

Figure 1: **Perspectives on argumentation** (Van Eemeren et al. 2014; p. 617).

This book provides the reader an account of scholarly explorations in the interdisciplinary field of argumentation. The research reported on in this book has been performed combining each of the three perspectives, shown in Figure 1. Of the three, the artificial systems is most obviously visible since three chapters concern designs of argumentation support software: Argue! (Chapter 2), ArguMed 2.0 (Chapter 3) and ArguMed 3.0 based on DefLog (Chapter 4). The theoretical systems perspective is also strongly represented, by the formal argumentation models underlying the presented software designs: Argue!'s design is close to the CumulA formalism that I developed in my dissertation (1996). The design

虚拟论证
——论法律人及其他论证者的论证助手设计

of ArguMed 2.0 inspired the new argumentation formalism DefLog (Verheij 2003a), which in turn provided the formal basis of the design of the ArguMed 3.0 software. The natural systems perspective is prominent throughout the book, as relevance for real argumentation has heavily influenced the design of the software tools and formal models presented. In particular, argumentation in the law has been an inspiration, which led to significant adaptations of the software designs and associated formalisms. One way of understanding the research history starting with Argue!, via ArguMed 2.0, to thirdly ArguMed 3.0 based on DefLog is that each is better adapted to the needs of real arguers performing real argumentation. As reported in the book, both ArguMed 2.0 and ArguMed 3.0 based on DefLog have been evaluated in user studies.

Since the publication of the first edition of this book (in 2005), the interdisciplinary study of argumentation has continued to flourish. There is an ever deepening exchange between non-formal and formal approaches to argumentation. For instance, the 2008 book 'Argumentation Schemes' by Douglas Walton, Chris Reed and Fabrizio Macagno combines the different perspectives of Figure 1; the 2014' Handbook of Argumentation Theory' by Frans van Eemeren and colleagues has a chapter devoted to argumentation in artificial intelligence; and there is a lively interdisciplinary community of researchers working on the study of argumentation, gathering at international conference series (for instance, ISSA, OSSA, ECA). Also the formal and computational study of argumentation is performed in a lively and growing community, with its own successful biennial conference series, started in 2006, when the first International Conference on Computational Models of Argument was organ-

Preface to the Chinese Translation

ized in Liverpool, followed by conferences in Toulouse (2008), Desenzano del Garda (2010), Vienna (2012), Pitlochry (2014), and the next one expected in Potsdam (2016).

The issues addressed in this book concern age – old themes, still relevant today. Chapter 6 on theories of defeasible argumentation uses arguing with pros and cons, arguing with warrants, argument evaluation and theory construction as themes, and each is still the subject of active study. Of the three software designs presented in this book, ArguMed 3.0 based on DefLog still strikes a rare balance between the theoretical, artificial and natural systems perspective: it combines a solid formal foundation (compliant with Dung's abstract argumentation), a software design evaluated in user studies, and argument modeling primitives relevant for real argumentation.

The first edition of this book appeared about a decade ago. What to expect in the next decade? Three developments have already started. First, we can expect a standardization of argumentation models, explaining ever better how argumentation is closely connected to logic and probability theory (Verheij 2014a, 2014b). Second, we can expect real applications of argumentation technology, for instance in argument assistants, online conflict resolution tools, and interpretation of evidence and data (Verheij et al 2015). Third, we can expect a deepened connection between non – formal and formal approaches to argumentation, with the border between the two sides becoming ever more unclear (Van Eemeren et al 2014). Arguably, a primary goal of the field should be to make the border between the non – formal and formal study of argumentation invisible, or at least irrelevant.

Groningen, *July 2015* Bart Verheij

虚拟论证
——论法律人及其他论证者的论证助手设计

Acknowledgements

I thank Professor Minghui Xiong for the honor of having this book translated, and of inviting me to the Institute of Logic and Cognition at Sun Yat–Sen University (2013). I keep the warmest memories to the quality of the interactions, the lively discussions, and the exceptional hospitality. I thank Wei Bin for kindly showing me around during my stay in Guangzhou. I thank Wu Zhou for the careful reading and translation of the book.

References

van Eemeren, F. H. , Garssen, B. , Krabbe, E. C. W. , Snoeck Henkemans, A. F. , Verheij, B. , & Wagemans, J. H. M. (2014). *Handbook of Argumentation Theory.* Dordrecht: Springer.

Verheij, B. (2014a). To Catch a Thief With and Without Numbers: Arguments, Scenarios and Probabilities in Evidential Reasoning. *Law, Probability and Risk,* 13, 307–325. doi: 10.1093/lpr/mgu011.

Verheij, B. (2014b). Arguments and Their Strength: Revisiting Pollock's Anti–Probabilistic Starting Points. *Computational Models of Argument. Proceedings of COMMA 2014* (eds. Parsons, S. , Oren, N. , Reed, C. , & Cerutti, F.), 433–444. Amsterdam: IOS Press. http://dx.doi.org/10.3233/978-1-61499-436-7-433.

Verheij, B. , Bex, F. J. , Timmer, S. , Vlek, C. , Meyer, J. J. , Renooij, S. , & Prakken, H. (2015). Arguments, Scenarios and Probabilities: Connections Between Three Normative Frameworks for Evidential Reason-

Preface to the Chinese Translation

ing. *Law*, *Probability & Risk*.

Software

Argue! (Chapter 2), ArguMed 2.0 (Chapter 3) and ArguMed 3.0 based on DefLog (Chapter 4) can be downloaded at http://www.ai.rug.nl/~verheij/aaa/.

英文版序言

本书提供了一个探究论证软件之设计的概况。其关注的是法律中出现的可废止论证。全书呈报了一项跨学科研究,而我希望不仅限于人工智能与法领域的研究者、法理学家、论证理论家和饶有兴趣的法律人同样能通过本书之内容找到自己的方式。

该研究受到 ITeR——法律与信息技术国家规划(项目号为 014-37-112 和 014-38-708)所资助,并在马斯特里赫特大学法学院完成。我要感谢哈赫(Jaap Hage)和罗斯(Bram Roth)对本书初稿的评论。本书早期版本中的很多材料有出现在其他地方,大部分呈现于研讨会与各会议(参见本书的参考文献)。本书的一个删减及修改版,名为"可废止论证的人工论证助手",曾在《人工智能》的一个关于人工智能与法的专刊上发表(Verheij, 2003a)。

巴特·维赫雅
2004 年 9 月于格罗宁根

PREFACE

This book provides an overview of research into the design of argumentation software. The focus is on defeasible argumentation as it occurs in the law. This book reports on interdisciplinary research, and I hope that not only researchers in the field of artificial intelligence and law, but also legal theorists, argumentation theorists and interested lawyers will be able to find their way through the material.

The research was funded by ITeR, the National Programme for Law and Information Technology (project numbers 014-37-112 and 014-38-708) and was carried out at the Faculty of Law of the Universiteit Maastricht. I would like to thank Jaap Hage and Bram Roth for their comments on a draft of this text. Earlier versions of much of the material in this book have been presented elsewhere, mostly in workshops and conferences (see the references in the text). An abridged and adapted version of the text, entitled 'Artificial argument assistants for defeasible argumentation', has been published in *Artificial Intelligence*, in a special issue on artificial intelligence and law (Verheij 2003b).

Groningen, September 2004   Bart V_{ERHEIJ}

目　录

出版说明 …………………………………………………………… 1
总　序 ……………………………………………………………… 3
译者引言 …………………………………………………………… 5
中文版序言 ………………………………………………………… 7
英文版序言 ………………………………………………………… 18

第 1 章　导　言 …………………………………………………… 1
  1.1　论证助手 …………………………………………………… 2
  1.2　法律领域的可废止论证 …………………………………… 3
  1.3　理论构建与法律案例适用 ………………………………… 5
  1.4　从自动推理到论证辅助：人工智能视角 ………………… 8
  1.5　试验性论证助手：Argue! 和 ArguMed 系列 ……… 10
  1.6　相关研究 …………………………………………………… 12
  1.7　事例：严重身体伤害案例 ………………………………… 14

第 2 章　首个原型：Argue! ……………………………………… 16
  2.1　论证理论 …………………………………………………… 16
  2.2　严重身体伤害事例 ………………………………………… 20

1

2.3 程序设计 ·· 22

第3章 自然化之改进：ArguMed 2.0 ················· 25
   3.1 论证理论 ·· 25
   3.2 严重身体伤害事例 ······························ 36
   3.3 程序设计 ·· 38
   3.4 用户评价 ·· 44

第4章 逻辑扩充：基于 DefLog 的 ArguMed 3.0 ······ 46
   4.1 论证理论 ·· 46
   4.2 严重身体伤害事例 ······························ 58
   4.3 程序设计 ·· 61
   4.4 用户评价 ·· 65

第5章 论证助手与论证调停者之比较 ················ 67
   5.1 Belvedere ·· 67
   5.2 Convince Me ····································· 69
   5.3 知识整合环境中的 SenseMaker ················ 72
   5.4 Reason！Able ···································· 73
   5.5 Room 5 ··· 76
   5.6 Zeno 和 Hermes ································· 78
   5.7 概况与比较 ······································ 79

第6章 可废止论证理论 ····························· 84
   6.1 图尔敏的论证图式 ······························ 85
   6.2 瑞特的缺省推理逻辑 ···························· 89
   6.3 普洛克的反驳击败理由和底切击败理由 ········ 92
   6.4 弗雷斯维克的抽象论证系统 ···················· 99

6.5 普拉肯与沙托尔的获胜策略 …………………… 101
6.6 董番明的论证可达集 …………………………… 103
6.7 CumulA 的广义击败关系 ……………………… 105
6.8 基于理由的逻辑 ………………………………… 107
6.9 Argue!、ArguMed 2.0 和 ArguMed 3.0 ………… 108

第 7 章 论证助手：结论与前景 ……………………… 112
7.1 Argue!、ArguMed 2.0 和 ArguMed 3.0 之概况 … 113
7.2 贡献与结论 ……………………………………… 114
7.3 未来的研究与前景 ……………………………… 116

附录 A ArguMed 2.0 的测试协议（翻译摘录） ……… 118

附录 B 衍生：论辩性逻辑 DefLog ………………… 122

参考文献 …………………………………………………… 132
网页地址 …………………………………………………… 143
索　引 …………………………………………………… 145

第1章 导言

计算机可用于支持涉及论证的任务。能支持论辩任务的计算机程序被称作**论证助手**。正像文字处理软件协助书写的处理那样，能轻松地把文本从一处移至另一处及提供自动拼写检测，论证辅助软件能协助完成论辩任务，比如论证助手能对论证组织、论证可视化和论证评价给予帮助。

本书并不意图涵盖论证所有方面。全书的焦点聚集在**可废止论证**，特别当其出现于法律领域时。在可废止论证中，会出现结论最初由一个论证所证成而随后被推翻的情形，例如有反对该结论的新理由出现。由于法律论证中可废止性无处不在且常常至关重要，在此把法律选作应用领域。

更确切地说，本书关注论证以下四个方面：关涉支持与反对的论争、关涉依据的论争、论证评价和理论构建。论证的这些方面在法律领域都很普遍。书中所讨论的论证助手为论证提供这四个方面的支持。

本章在对论证助手进行大致介绍后（第1.1节），所讨论的是法律领域中的论证可废止性（第1.2节）。这体现了一种根据理论构建来适用法律于具体案例的观点（第1.3节）。而后的一个重要问题是信息技术尤其是人工智能研究如何处理论证。第1.4节对该问题进行了讨论，在此对论证辅助与自动推理进行了区分。第1.5

节介绍了本书所呈现的试验性论证助手：Argue！和 ArguMed 系列系统。第 1.6 节有针对性地给出了相关研究情况。本章以一个法律案例结尾，并作为贯穿全书的实例（第 1.7 节）。

1.1 论证助手

论证助手是帮助用户完成论辩任务的计算机程序。论辩任务出现于众多场合。例如，人们起草论辩文本、试图证成观点、参与对手间的争论或加入形成意见的讨论，他们必须做出决策，并且设法在不同选项中做出合理选择。

法律是一个论证扮演主要角色的领域。下列观察例举了法律设定中所描述的论辩任务：

- 法律人常规地**制定论辩文本**，例如法院起诉书。
- 法律意见书相当于所给出的用以支持其主张的**证成**。
- 法庭上，**对手间进行争论**已成一种惯例。
- 有关法律事务的意见形成是法律研究的一项重要任务。
- 法官是权威**决策者**。
- 法律人必须设法在不同系列行动中进行**理性选择**，例如在给客户提供建议或决定是否起诉嫌疑人时。

这些情形都涉及论证。存在争议有待解决，论证正是为此目的所制定的。这些论证基于假定并且包含理由用于支持和反对所涉之争议。

在这些项目中，论证辅助软件能给论辩任务提供如下帮助：

- 记录提出的争议及所做的假定，
- 记录用来支持结论和反对结论的已引入理由，

- 记录已解决或有待解决的争议,
- 为组织所做命题提供方法,
- 给论证评价供以工具,
- 提供论证模板, 及
- 检查必须遵守的限制。

本书所呈之研究源于跨学科领域人工智能与法。法律无疑是论证实例的丰富来源。此外,在现实语境的法律中还会出现众多关于论证的最棘手的问题,即使它们并非全部问题。因此,全书多项实例取自法律领域,然而一般读者将发现大部分内容涉及的语境并不仅限于法律。

1.2 法律领域的可废止论证

论证是一个广阔的主题。因而本书所描述的软件从构想的限定论证视角来开发。选择焦点着眼于法律推理,尤其是论证可废止性,它占据本书研究的中心位置。

在全书讨论的所有论证软件中,论辩涉及的命题不仅有论证支持它们,且这些命题也被反对论证所攻击。简而言之,本书关注的是**关涉支持与反对的论争**。

一个用于研究关涉支持与反对之论争的自然语境为对话语境,其中两个或多个论证者进行论证交流以此支持和反对所做出的命题。例如,可能出现此般情形,在一场特别对话中两论证者有各自专门的角色:一论证者试图给出支持理由来为某主张辩护,而另一论证者设法通过提出反对该主张的理由来引出质疑。

然而本书并非在对话语境中研究论证,取而代之的是把论证视为用来解决一个或多个争议的寻找理想假定的过程。换而言之,论证被看作一种**理论构建**：论证过程中所确认的假定为解决争议提供理论。

例如，法官运用他的法律知识与总体知识、可获取的证据和审判程序以此解决关于犯罪嫌疑人是否有罪之争议。经常出现可获信息包含冲突材料的情形（例如，目击者证言矛盾）而致使不能足以解决争议。因此，法官将不得不塑造出该案例的一个可接受理论。比如合理假设的最初选择可以是提出有关嫌疑人无罪的初始理论。通过接下来对该理论进行严格审查和修改，如通过对其各因素与结论进行正反论证使该理论得到进一步发展，直至它对该案例及嫌疑人的清白提供一个理想说明。论证的理论构建观点与可废止论证是息息相关的，因为在此情形下争议状态于整个过程中是可产生变化的。

当从支持与反对两方面考虑论证时，一个需要特别关注的主题是**论证评价**。论证评价的标准观点由经典逻辑根据逻辑有效性（不论是以语义、证明理论或程序的表观出现）所提供。例如，一个论证被视为有效的，如果其前提为真能推出结论为真。然而这种标准观点需得到修缮，因为关涉支持与反对的论争是可废止的：给定一组特定论证集，结论被证成，其也能在增添论证时不再被证成。比如这可能出现在引入理由反对某结论时。如果仅有处罚某人的理由，似乎得出结论"他应当受到处罚"是合乎情理的。然而，当可获得充足的反对理由时，将出现之情形为该结论的达成不再被证成。甚至可能出现证成得出其相反结论的情况，即"他不应当受到处罚"。

从支持与反对两方面考虑论证的可废止性将导致相应论证评价函数不再是单调的。当增添信息时仅能扩充被证成结论集而决不致使被证成结论集收缩，则论证评价函数为单调的。由于根据标准逻辑有效性，评价是单调的，因此论证评价这个概念应该得到修正。从20世纪80年代起，推理的可废止性和结论关系的对应非单调性获得了大量的研究关注，并已发展成一门精深的学科。

论证视角并未完全摈弃对**依据**的讨论，而是以图尔敏（Toulmin，1958）的方式使用该项术语，即把它看作一般推论凭证。对图尔敏而言，依据是类似规则的命题，它确保了某理由对其结论的支持。例如，命题"谋杀犯应被处以20年监禁"能对论证"一个特定嫌疑犯应被处以20年监禁，因为他是一个谋杀犯"进行担保。在可废止论证语境中处理依据尤其复杂，因为经常出现依据有例外的情形。例如，即使通常由依据可得出"谋杀犯应被处以20年监禁"，但可能出现特殊凶手**不被处以监禁**的情况，如他被鉴定有精神疾病。

尤其不能在法律论证的说明中忽略依据。法律推理中的许多争议关注于某个特定依据是否被证成的问题。比如出现在就某特定成文法条之解释进行争论时。从论证理论观点来看，这种争论注重解决的是关于哪个（些）依据被该法条所支持的争议。

总之，本书的论证视角由四个关注点构成：

- 关涉支持与反对的论争
- 理论构建
- 论证评价
- 关涉依据的论争

对法律领域的可废止论证而言，这四方面都有着集中关联性。

1.3 理论构建与法律案例适用

理论构建提出了法律案例适用方面的观点。某种适用法律于具体案例的朴素观念包括严格遵从给定的法律规则，而这些规则与给定案例事实相匹配——此观念使法官变成法律的口舌（*bouche de la loi*）（图1.1）。

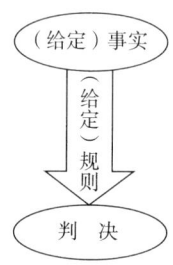

图1.1　法律案例适用的朴素观点

这种观点（已成为法律应用的模拟图像，大体充当批判之起点）的主要问题为，它在某种程度上预设了法律规则与案例事实是能轻松获取的。显然事实情况并非如此。可获材料根本不够精确，从而直接适用规则于事实则太含混。甚至即使以恰当的方式给出规则与事实，遵从于匹配案例事实之规则也可能产生问题：首先，遵从此规则可能并不恰当，如因为例外使得规则不可适用；其次，可能该案例根本无法解决，例如无从得出相关结论；最后，也许存在若干可能性，甚至某些或有冲突。

第一种情形能够出现，因为法律规则通常是**可废止的**。也许存在排斥理由或反对它们适用的理由，比如适用该规则将违反其初衷。

第二种情形出现于存在法律**空缺**时：可适用的法律无法解答当前案例。这种情形不仅发生于相关新法律现象涌现时（如随着互联网的出现而遇到的新法律问题），也出现在法律仅（并且通常是谨慎地）提供部分答复时，例如运用诸如严重身体伤害或公平性等开放规则条件。裁定者将不得不填补空缺，如制定新归类规则。

第三种情形出现于存在法律**模糊性**时：可适用的法律提供若干

第1章 导　言

可能解答。这或许是偶然发生的，比如存在不可预见和意料之外的规则冲突。在法律这种复杂的人造系统中，此般情形是可以预想的。然而模糊性的产生也可能是有意为之，即在不同可能性之间做选择时留待裁定者的自由裁量。例如在荷兰，刑法规则仅描述最高处罚，从这个意义上来说它们有着开放的规则结论。因而，裁定者在决定施加实际处罚时能将所有情况考虑进去。

可废止性与论辩性相关联这点已深深植根于法律：每个主张可能时不时接受讨论。法律空缺和模糊性是法律系统开放性内在的迹象。正如可废止性那样，它们给考虑所有情形的弹性适用法律留以余地，从而能提高系统的公正性。[1]

在一个与朴素观念有所不同的法律案例适用观点中，法律适用被视作一种论辩性理论构建（图1.2，另参见第1.3节）。该观点下的法律案例适用是经历系列阶段的过程。在这个过程中，案例理论、可适用法律和结论是逐渐推进的。该过程以不完善的先决理论为起始，诸如未被充分证成的假定、法律来源的初步解释、不恰当的适用规则、开放的争议和冲突的结论。在整个过程中，该理论被逐步夯实以使得其不完善性得到消除。此过程以检验先决理论为导向，并通过寻求理由以支持或反对它。

本书呈现的论证助手为法律案例适用所需要的论辩性理论构建提供支持。[2]

---

[1] 有人担心可废止性、空缺和模糊性能十分轻易降低法律的安全与平等。法律系统的一个优点是它试图用明确的规范来支持法律安全与平等，而通过保持开放给公正留以空间。

[2] 我在一篇关于克罗姆巴格（Crombag）、范柯本（Van Koppen）与瓦格纳尔（Wagenaar）的锚定叙事理论论文中（Verheij, 2000b）首次给出了理论构建与论证助手的联系。锚定叙事理论关注于法律决策中证据的作用（Crombag, Van Koppen & Wagenaar, 1994; Wagenaar, Van Koppen & Crombag, 1993）。

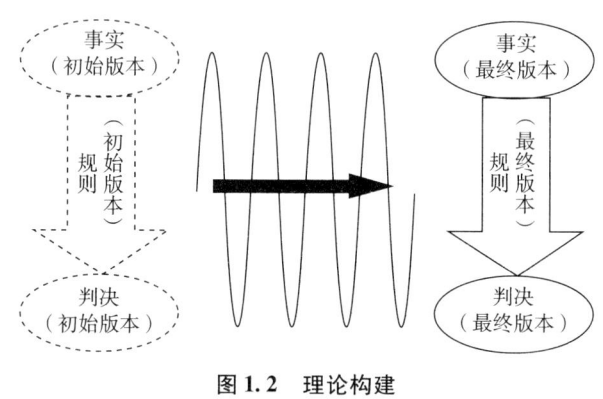

图 1.2 理论构建

1.4 从自动推理到论证辅助：人工智能视角

上面所讨论的关于论证之焦点（关涉支持与反对的论争、关涉依据的论争、论证评价和理论构建）同时在理论与实践中涉及论证挑战方面。期望信息技术尤其是人工智能可以处理它们，合理吗？现在从人工智能视角来进行探讨。

建构智能机的想法由来已久。从20世纪40年代计算机时代开端起，当第一批计算机（如著名的ENIAC）被建构时，这项发展给人以深刻印象。自动数据处理、个人计算机、互联网和移动计算持续产生了巨大的影响。计算机能击败国际象棋大师。机器能识别手写文本。机器人能学习步行。基于知识的系统能改进法律和医学领域中人类专家的工作。

然而并非所有期望都得以实现。赫伯特·西蒙（Herbert Simon）于1957年做出了一个恶名昭著的预测，"在可见的将来"一系列机器和人类心智能处理的问题将彼此延伸（Russell & Norvig, 1995, p. 20）。他并未见证到这个将来：西蒙于2001年过世。尤其在诸如语言理解和法律决策这种知识密集的、未分类的任务中,仍有着大量复杂的问题。

考虑到这些问题,把计算机与人类的优势结合在一起是有意义的。更确切地说,可研究的是计算机系统能如何支持人类执行之任务,而非取代人类执行任务。对待论证本书所采用的正是这种方法。全书力图描绘的设计并非旨在开发能自主和自动推理的软件,而是开发用来帮助人类推理的软件。前种软件类型被称为自动推理系统,后者被称为论证辅助系统,或简称为论证助手。[3]

显然,论证助手一定与自动推理系统有所区别,前者更为普遍。后者基于其"知识库"中之信息自动执行推理。在这种方式中,自动推理系统能为用户自动实施推理任务。论证助手则不能(或主要不能)自动地推理;辅助系统的目标并非取代用户之推理,而是在推理过程中协助用户。

论证辅助系统与自动推理系统的不同本质有两方面影响。首先,与自动推理系统相比,论证助手更多的是应对而非主动为之。论证助手提供一套执行论辩任务的机制,设置限制并且提供指导。在论证助手中,有些函数能自动出现于"后台"而非在用户下达指令时出现。例如对论辩材料的评价,诸如哪些命题当前是被证成的这种指示,能自动地被计算,这更多地类似于文字处理系统的拼写检测;用户完成每个行动后,论证辅助系统将对之前的评价进行更新。

其次,在论证助手的开发中,建构自动推理系统的某些困难可被避免或具之更少的重要性。例如,知识的获取与表示较少成为瓶颈,因为这些任务很大程度上可留予论证辅助系统的用户(或用户

---

[3] 另参见亨特(Hunter, 2001)对混合论证系统的讨论。

12 们）处理：使用这种系统实际上可归结为构建与现有问题相关的论证表示。通过论证助手调停建构的一个侧面效应是，其表示将以一种系统能理解的格式变得可获取——至少部分地来说。或许更重要的是，用户方很大程度上对表示负责，同时也能对表示进行自由修改。

在法律领域，知识的获取与表示因为法律内在复杂性尤为恶名昭著，诸如其开放性和动态本质。因此，计算机表示的法律部分几乎不可能是完整的，并且容易被废弃。通过把一部分可观的表示任务留给用户，论证辅助系统的复杂性程度比之自动推理系统大大降低。事实上，这是开发论证助手的首要相关动机（另参见 Leenes, 1998）。

1.5 试验性论证助手：Argue! 和 ArguMed 系列

下面章节将讨论一系列论证助手的计算机程序：Argue! 和 ArguMed 系列。它们都可在 < www.rechten.unimaas.nl/metajuridica/verheij/aaa/ > 下载。

第一个论证助手 Argue!（第 2 章），受到我在逻辑系统 CumulA 工作上的启发——抽象建模了可废止论证（Verheij, 1996a）。在 CumulA 中，论证（以树的形态表示理由与结论）可被击败。论证之击败源于其他论证的攻击，用击败关系所表示。击败关系表示哪个论证集攻击哪个其他论证集。CumulA 的击败关系认可几类击败表示（包含并行强化击败与序贯弱化击败；Verheij, 1996a）。然而在建构 Argue! 时，CumulA（更准确地说是用于 Argue! 的精简版）对表示现实论证不够自然这点变得尤为明显。同时对目标用户来说，在视窗上描绘论辩材料（尤其是击败关系）似乎过于复杂。从而导致一个主要兴趣源自研究视角的系统，被看作是可废止论证的具体理论之实现（和实验台）。维赫雅（Verheij，1998a）最先以这种方式描述了 Argue!。

在 Argue! 系统开发之后，一种新方法被采用，由此产生了 ArguMed 系列系统。此间有两个出发点：首先，论证理论有一定幅度变化。焦点集中在出现于论辩中的命题与理由，而非其在论证中的出现。其次，界面变为基于模板的。用户可通过填写为具体论证活动专设的窗体来进行论证。

关于论证理论，像普洛克（Pollock，1987，1995）所区分的那样，焦点限定于底切例外：阻断理由与结论间联系的理由。因为对法律推理而言底切例外有着既定的重要性（如参见 Prakken，1997；Hage，1997；Verheij，1996a），因而这似乎是一种自然而然的选择。ArguMed 的第一个版本（ArguMed 1.0；Verheij，1998b；本书不做详述）很快由第二个版本所取代，因为它有两个明显缺陷：未用图形表示底切例外，并且不能讨论某些相关争议，比如一个命题是否为理由或其是否为例外。通过使用论辩性论证，前一缺陷在 ArguMed 2.0（第 3 章）中得到修缮，其中，理由支持与底切例外攻击同时进行了表示。后一缺陷导致步骤依据与底切依据的引入。在 ArguMed 2.0 中，步骤依据是一种支撑论证步骤的条件句，诸如"如果彼得侵犯了财产权，那么他的行为构成侵权"。与之类似，底切依据通过底切例外来支持攻击。以下命题是一个底切依据实例："命题'有支持彼得行为的正当理由根据'是规则'如果彼得侵犯了财产权，那么他的行为构成侵权'的一个例外。"维赫雅（Verheij，1999a）给出了 ArguMed 2.0 之最初表示。

涉及 10 位测试人的 ArguMed 2.0 定性用户评价（参见第 3.4 节）催生了系统新用户界面的设计。因而产生了 ArguMed 3.0（第

4章)。与测试人的期望所一致,其用户界面是基于鼠标敏感的论证视窗。当用户在论证视窗内双击时,将出现一个方框用以键入命题。鼠标右键通向一个语境敏感菜单,用于添加命题的支持或攻击。正如其他用户评价所证实的那样,最终的界面非常自然且易于使用(参见第4.4节)。除了拥有更好的界面外,新版 ArguMed 最引人瞩目的改进是它使用了更丰富完善的论证理论。ArguMed 3.0 允许来自任何命题的攻击,而 ArguMed 2.0 中仅有基于底切例外这类攻击。通过把命题间的连接箭头(不论表示支持或攻击)看作条件命题,对依据和底切建立了一种自然的表示。此外,新版 ArguMed 在逻辑上更完善:论辩性论证之评价准确对应逻辑系统 DefLog(参见 Verheij, 2000a, 2003)中初步证成假定的论辩性解释。

本书主要部分由对系统的描述及其论证理论所构成(第 2~4 章)。为了阐明其可能性与差异性,使用一个实例贯穿三系统之讨论。下面第 1.7 节论述了该实例。

1.6 相关研究

本书呈报之研究与不同主题的先前工作有联系。其中最相关联的是关于论证助手和论证调停者的研究。在第 5 章挑选了一些工作进行讨论。同样有大量关于可废止论证的工作具有启发性(参见第 6 章)。近期研究中所探讨的其他相关主题如下所示:

- 对话推理理论。哈赫(Hage, 2000)提出了富有深刻洞见的概述。如参见戈登(Gordon, 1995)的诉讼博弈模型(Pleadings Game)和洛德(Lodder, 1998)的法律会话模型(DiaLaw)。两者都关注于法律领域。
- 教学中计算机支持的论证。如参见埃雷文(Aleven, 1997)

第 1 章 导 言

关于 CATO 的工作，与之相关的有阿什利（Ashley，1990）的 HYPO、本奇－卡朋与保罗·冷（Bench－Capon & Leng，1998）的工作，还有关注于非法律领域的萨瑟斯等人（Suthers et al.，1995）在 Belvedere 方面的工作、费尔曼（Veerman，2000）和范格尔德（Van Gelder，2001）的工作。

- 论证分析。例如，里德与沃尔顿（Reed & Walton，2001）开发的 Araucaria，参见 http://www.computing.dundee.ac.uk/staff/creed/research/araucaria.html. 它们构建在沃尔顿关于论证的工作上（Walton，1996）。另参见维赫雅（Verheij，2001b）。
- 关注论证的计算机支持协同工作。请参见岑（Shum）的网页（http://kmi.open.ac.uk/people/sbs/csca/）。
- 计算机支持与在线的法律调停和争议解决。（如参见 Lodder & Huygen，2001，http://www.mediate.com & www.odrworkshop.org）
- 关注电子民主（e－democracy）与电子管理（e－governance）应用的话语系统。特别请参见戈登的网页（http://www.tfgordon.de）。
- 知识管理。如参见斯特尼尔里与泽里兹利格（Stranieri & Zeleznikow，2000）。
- 案例管理与诉讼支持系统。如参见 http://www.digital－lawyer.com/digital－lawyer/resource/caseman.html.
- 法律中的证据推理。参见瓦格纳尔、范柯本与克罗姆巴格（Wagenaar, Van Koppen & Crombag，1993）；(Crombag, Van Koppen & Wagenaar，1994)；麦克里蒙与提勒斯（MacCrimmon & Tillers，2002）；维赫雅（Verheij，2000b）；普拉肯、里德与沃尔顿（Prakken, Reed & Walton，2003）。

- 认识论。如参见普洛克（Pollock，1985，1995）。尤其相关的是法律认识论。如参见佩兹尼克（Peczenik，1989）；布劳威尔（Brouwer，1990）；鲁伊特（Ruiter，1993）；佩兹尼克与哈赫（Peczenik & Hage，2000）；墨梅尔斯（Mommers，2002）。
- 法律逻辑。如参见舒伊特曼（Soeteman，1989）；哈赫（Hage，1997）；普拉肯（Prakken，1997）；维赫雅（Verheij，1999b）；维赫雅、哈赫与范马南（Verheij, Hage & Van Maanen，1999）；哈赫（Hage，2001b）。

本书关注于用构想的法律语境所开发的论证助手，而处于其中的论证为可废止的。

1.7 事例：严重身体伤害案例

考虑下列虚构的严重身体伤害案例：

"有一起酒吧斗殴事件，其中有人受了重伤：根据医院报告，被害人有数处肋骨损伤，且伴有并发症。某人被逮捕并被控故意致人严重身体伤害，根据荷兰刑法典第302条（*wetboek van strafrecht*），他将被处以最高8年监禁。被告人否认自己卷入这起斗殴。然而，10位目击者声称被告人卷入了斗殴。在某个先例中（称为先例1），被害人有数处肋骨损伤，但没有并发症。在该先例中，身体伤害不被认为是严重的，而被告人被判故意致人一般身体伤害，并被处以最高2年监禁（荷兰刑法典第300条）。在另一先例中（称为先例2），被害人有数处肋骨损伤且伴有并发症。在先例2中，被告人被判故意致人严重身体伤害。"

该案例事实能产生有趣的论证，涉及对被告人致人严重身体伤害的可罚性。在讨论三个系统时，将展示在各系统中能于何范围内制定相关论证。

第 2 章　首个原型：Argue！

Argue！系统是即将第一个讨论的试验性论证助手。对其论证理论进行处理（第 2.1 节）后，将以第 1.7 节的严重身体伤害事例为例证（第 2.2 节）。本章最后讨论 Argue！的程序设计（第 2.3 节）。

2.1　论证理论

支撑 Argue！系统的论证理论受到 CumulA（Verheij 1996a）的启发。CumulA 是一个有着论证与反论证的论辩程序模型。它基于两大假设。第一个假设为，论辩是一个**过程**，在此期间论证被构建且反论证被引入。第二个假设为，论辩中所使用的论证是**可废止的**，这是就以下意义而言的，即论证是否证成其结论取决于所处之论辩过程阶段可获取的反论证。一个论证如果不再证成其结论，则称之为被击败的。论证的击败是由反论证（本身未被击败）所引起的。

例如，假设同事进入房间时全身湿透了并且称外面正在下雨，我们可得出结论"有必要穿上一件雨衣"。通过给此般结论提供支持，能合理地证成该结论。例如，可给出下列论证：

同事进入房间时全身湿透了并且称正在下雨。

因此，很可能正在下雨。

因此，有必要穿上一件雨衣。

这样的论证重构了一个结论能如何被支持。论证支持其结论并不意味着永远证成它。例如，假设在我们所给实例中出现"街是湿的，但天是蓝的"，那么结论"有必要穿上一件雨衣"将不再被证成。该论证已变为**被击败的**。例如，可给出下列论证：

街是湿的，但天是蓝的。

因此，阵雨结束了。

此情形下论证"很可能正在下雨"被**反论证**"阵雨结束了"所击败。因为结论"很可能正在下雨"不再被证成，它不再能支持结论"有必要穿上一件雨衣"。

CumulA 是有着论证与反论证的论辩程序模型，其中的论证击败状态要么为未被击败，要么为被击败，这取决于三个因素：

（1）论证结构

（2）反论证之攻击

（3）论辩阶段

以下我们将简略讨论各个因素。此模型延续了普洛克（Pollock，1987，1995）、西马里与路易（Simari & Loui，1992）、弗雷斯维克（Vreeswijk，1993，1997）和董番明（Dung，1995）在哲学及人工智能方面的工作，并发展补充了规则与理由建模、基于理由逻辑方面的工作（如参见 Hage，1996，1997；Verheij，1996a）。

在 CumulA 中，论证结构[上述因素（1）]的表示和范爱默伦与格罗顿道斯特（Van Eemeren & Grootendorst，1981，1987）的论证理论中之表示类似。它同时认可了论证的从属结构和协同结构。

所探究的是论证结构能如何引起论证击败。比如，直觉上一个论证如果包含更长的可废止步骤链，则它更容易被击败（"序贯弱化"），而如果它涵盖更多支持其结论的理由，则击败它更困难（"并行强化"），对此我们进行了研究。

在 CumulA 模型中，作为其他论证之反论证的那些论证，即可以**攻击**其他论证的论证［上述因素（2）］，被当作基本概念（参见 Dung，1995）。这种论证击败方法可被称为**反论证触发击败**。大体而论，一个论证被击败即为，它被一个未被击败的反论证所攻击。须把这种论证击败方法与**不一致触发击败**相比对区分，其中的基本概念是那些有着冲突结论的论证（正如弗雷斯维克 1993，1997 年文中的抽象论证系统）。在这种论证击败方法中，一个论证被击败即为，存在一个未被击败的论证与其有冲突结论。通常在论证的某些优先关系上，击败论证比被击败论证享有更高优先权。[1]

在 CumulA 中，所谓的**击败关系**指出了哪些论证为其他论证的反论证，即哪些论证可击败其他论证。CumulA 以这种方式表明，根据论证结构和论证间的攻击关系可充分建模论证可废止性，而不用考虑底层语言。此外，事实证明击败关系可被用于表示广泛的击败种类，正像文献中所提及的，如普洛克（Pollock，1987）的底切击败和反驳击败。同时一些新的击败类型可被甄别出来，即序贯弱化击败（与连锁悖论有关）和并行强化击败（与理由累积有关）。

在 CumulA 模型中，论辩阶段［上述因素（3）］表示了当前所考虑的论证与反论证及这些论证的状态，要么被击败，要么未被击败。模型的论辩路线即为阶段序列，它提供了一种洞悉方式，该方

---

［1］ 在我的论文中（Verheij，1996a），我对反论证触发击败和不一致触发击败做了区分。我认为（董式）反论证触发击败在这两个论证击败方法中更具哲学上的吸引力和创新性。

式中的论证状态受整个过程中考虑的论证所影响。例如，借助论辩图（为可能的论辩路线提供概况），明确描述了用可废止论证刻画论辩的现象，比如论证复效。与弗雷斯维克（Vreeswijk, 1993, 1997）的模型相比，它不仅展示了新结论如何在论辩路线中被推导出（"前向论证"，或推论），更展示了新理由如何被引入（"后向论证"，或证成）。换而言之，与基于前提系统（关注于从固定前提集出发的推论）和基于争议系统（关注于对固定争议集的证成）不同，CumulA 的论辩过程模型不受约束：在 CumulA 中，论辩路线期间的前提或争议都不是固定的。

总之，CumulA 表明：

（1）论证的从属结构和协同结构如何关联于论证击败。
（2）如何能独立于逻辑语言且根据结构、反论证和论辩过程中所处的阶段来描述论证击败。
（3）推论和证成能如何形式化于一个模型中。

CumulA 也有明显局限。我们可提及两点：首先，它的底层语言是完全松散的。例如，它不包括逻辑联结词、量词和模态算子。这无疑是一个局限，但研究目之一是为了表明可卓有成效地独立于语言来研究击败。其次，并未在 CumulA 中阐明支撑论证的规则之作用。某种程度上这应归于第一个局限：CumulA 的语言不包含能使规则变为可表达的条件与变量。[2]

维赫雅（Verheij, 1996a）同时在非形式和形式方面广泛讨论了 CumulA 模型。

---

[2] 维赫雅（Verheij, 1996a）讨论了规则起主要作用的形式模型，即基于理由的逻辑。然而并未给出它与 CumulA 模型的形式联系。除其他事项外，这样做的理由在于两个形式体系截然不同的"风格"。

2.2 严重身体伤害事例

作为一个例证，其展示了在 Argue! 中能如何表示关于严重身体伤害事例（第 1.7 节）的论证。

首先，为结论"被告人将被处以最高 8 年监禁"构建一个论证（图 2.1）。通过在视窗上的方框内键入命题和绘制箭头连接命题来完成该步。在这，结论被绘于其支持理由的上方，但用户可随意布置这些命题。

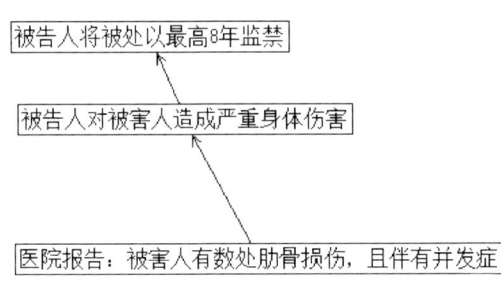

图 2.1　两步骤论证

在图 2.1 中，3 个命题都被证成，用白色方框表示。将医院报告命题设为被证成（由用户设定，用有不同颜色边框的方框表示），另两个命题被证成由于各自有证成理由支持。

接下来，使用先例 1 来论证肋骨损伤不构成"严重"身体伤害。用户添入适当命题，并且绘制表示击败关系的指定图形结构（图 2.2）。在这，解释该先例的规则"数处肋骨损伤不构成严重身体伤害"被当作反论证，用来反对医院报告命题与造成严重身体伤害结论之间的连接。这是一个底切击败关系的实例（参见 Pollock，1987）。

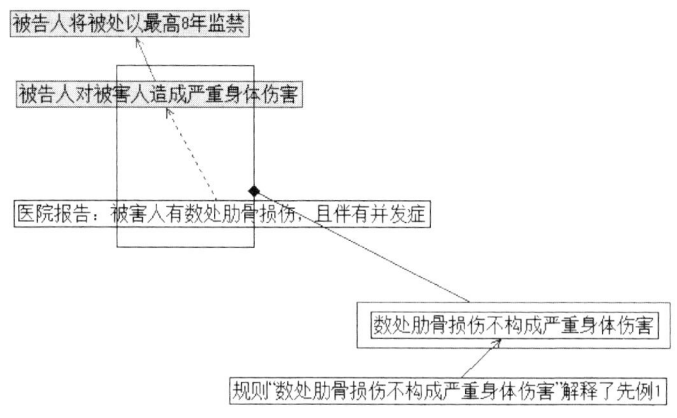

图 2.2 添加击败关系

其结果为此连接箭头不再表示支持（用虚线表示）。因而造成严重身体伤害之结论和被告人将被处罚之结论不再被证成。此情形用灰色方框表示。

最后，把被告人之证言添加为论证，用来攻击他对被害人造成严重身体伤害的结论（图 2.3）。因此该结论未被证成，用画叉方

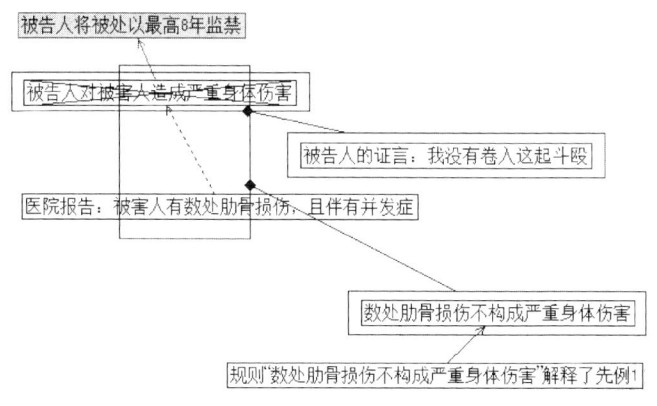

图 2.3 第二个击败关系

框表示。请注意命题要么为被证成的（白色方框），要么为未被证成的（画叉方框）或待评价的（灰色方框）。

对 Argue! 而言，严重身体伤害事例的表示至此为止。不能以恰当的方式表示其他相关论证信息。Argue! 有两个相应局限。首先，它没有考虑依据的表示（参见 Toulmin，1958）：**即作为其他命题之理由的命题，不能成为进一步论证的对象**。从而不能对可罚性渊源（《荷兰刑法典》第 302 条）进行表示。其次，击败关系其本身不是可被论证反对的命题。因此某论证对其他论证的击败是不能被攻击的。这导致无法表示如下情形，例如因为有 10 位目击者称被告人卷入了斗殴，被告人之证言未能击败他对被害人造成严重身体伤害这个结论。毫无疑问，被告人的证言其本身能被论证所反对，但那将是一个该事例的不恰当表示：没有理由用于争辩被告人的证言，关注的问题仅限于其击败效应。

2.3 程序设计

图 2.4 中展示了 Argue! 的初始视窗。

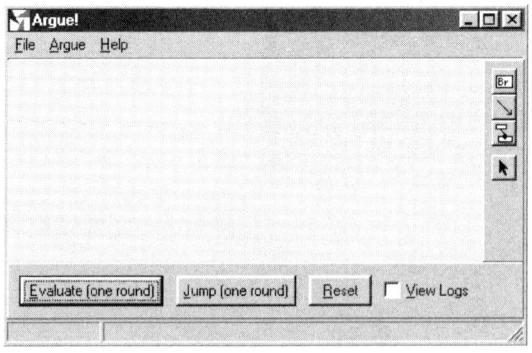

图 2.4　Argue! 的初始视窗

第 2 章 首个原型：Argue！

在 Argue！系统中，用户在视窗上"绘制"论证。用户通过点击右侧的按键以选择图形模式。共有 4 种模式，即命题模式、箭头模式、击败关系模式和选择模式。命题模式下，点击绘图区将出现一个编辑框，可在其中键入一个语句。箭头模式下，可用箭头把命题连接起来，表示一命题是另一命题的理由。为绘制一个箭头，用户进行两次点击：第一次点击理由命题，第二次点击结论命题。击败关系模式下绘出的是击败关系。它们由两个连接的长方形组成。为描绘击败关系，用户在绘图区做两次选择（通过点击和拖曳）。初次选择指出论辩材料的攻击部分，第二次指出被攻击部分。仅有被选取的命题和箭头是攻击或被攻击部分，击败关系则不在列。选择模式下，用户可在绘图区选取论辩元素。例如，可通过点击和拖曳移动命题，也可删除命题和箭头。

Argue！有一个逐步评价算法，通过点击"评价（一回合）"［Evaluate（one round）］按键激活。在每步段，当前的论辩材料状态决定新的状态。评价基础由用户设置的命题状态所形成。用户可通过右击一个命题将其设置为被证成的、未被证成的或待评价的。

以下是评价规则：

(1) 被用户现设为被证成或未被证成的命题，保留设置状态。
(2) 命题现有证成支持，其状态则为被证成的。
(3) 命题现未有证成支持并且被攻击，其状态则为未被证成的。
(4) 命题现未有证成支持并且未被攻击，其状态则为待评价的。

命题有**证成支持**，当且仅当有一个起于被证成命题的支持箭头连接指向它。命题**被攻击**，当且仅当它处在活动击败关系的被攻击长方形内。箭头是**支持的**,当且仅当它不处在活动击败关系的被攻击长方形内。击败关系是**活动的**,当且仅当其攻击长方形内的命题被证成且攻击长方形内的箭头是支持的。

"跳转(一回合)"[Jump(one round)]按键激活一个评价算法的变换,其中出现未有证成支持并且未被攻击的命题,状态为被证成的(而非待评价的)。此规则之作用为,令所有命题是初步证成的。用户通过点击两个按键中的任意一个,可视情况改变使用规则的选取。

评价状态的变化将被记录。这取决于对论辩材料是否做出了新的评价。图2.5和图2.6表示了两种不产生新评价的配置(当使用"跳转"规则时)。

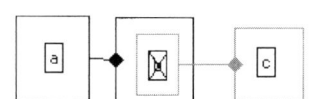

图2.5 攻击命题本身被另一命题所攻击

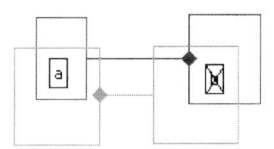

图2.6 两命题互相攻击

而在第二种配置中,命题"a"被设为"待评价的",反复点击"跳转"按键将在两状态间产生循环跳跃:其一为"a"和"b"都被证成,而另一个为两者都未被证成。维赫雅(Verheij, 1998a)对此提供了进一步细节。

第 3 章　自然化之改进：ArguMed 2.0

紧随 Argue! 开发的是一系列与之从根本上有着不同出发点的论证助手：ArguMed 系列。就程序设计而言，出发点变为应该通过制定论证活动而非绘制图形元素来把论辩材料输入系统。就论证理论而言，支持与攻击并列进行且未被分列于不同层面，从这个意义上来说，出发点变为论证本质上是论辩的。首个即将讨论的 ArguMed 系列成员为 ArguMed 2.0。[1]

3.1　论证理论

3.1.1　理由、结论、例外

最简单的论证形式（ArguMed 论辩理论中）为单个命题，如：

　　彼得的行为构成侵权。

在论证中，可为其他命题提供理由，如：

　　彼得的行为构成侵权，因为他侵犯了财产权。

在可废止论证中或出现以下情形，尽管有初步证成理由支持，结论仍不被证成。比如，底切例外（参见普洛克 1987 年论文中所

---

[1] ArguMed 1.0 由维赫雅所描绘（Verheij, 1998b）。

述的底切击败理由）能打破理由与结论间的连接：

彼得侵犯了财产权。因而初看之下，他的行为构成侵权。可是有支持彼得行为的正当理由根据。所以经重新考虑，彼得对财产权的侵犯不证成他的行为构成侵权。

底切例外的特点是初步结论不由其相反命题所替代，即不被"彼得的行为**不**构成侵权"所替换：可能有**另一**理由证成结论"彼得的行为构成侵权"，即使理由"彼得侵犯了财产权"未证成此结论。

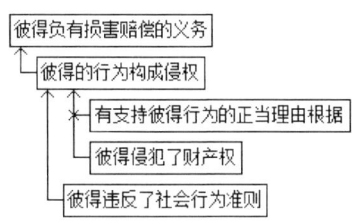

图 3.1　（没有依据的）论辩性论证

在图 3.1 中，论证的理由/结论/例外结构用图形所描绘。该论证中有两个理由支持命题"彼得的行为构成侵权"，即他侵犯了财产权和他违反了社会行为准则。这些理由中仅有第一个被例外所阻断，即被有正当理由根据所阻断。

如图 3.1 所示的理由/结论/例外结构为（无依据的）**论辩性论证**。它们可被看作**论证步骤**之结构和**论证底切**之结构，论证步骤即为理由与其结论之间的有向连接，论证底切即为打破步骤之理由与步骤之结论间连接的例外步骤。图 3.1 中的论证由 3 个步骤及 1 个围绕某步骤的底切所组成。支持结论的理由其本身可被一个理由支持（**从属结构**），结论可被多个理由支持（**协同结构**），步骤可被多个例外底切（**多重攻击**），而支持底切的理由其本身可被底切

(反攻击)。

3.1.2 依据

并非**任何**命题是**任意**其他命题的理由。假如一个理由与一个结论间存在连接,则称从该理由到该结论的论证步骤是**有依据的**。某命题蕴涵另一命题,就它能被引作支持此命题的理由这个意义来说,这种蕴含本身也是命题,并可有以下表示:

> 如果彼得侵犯了财产权,那么他的行为构成侵权。

> 彼得的行为构成侵权
> IF 彼得侵犯了财产权,THEN 彼得的行为构成侵权
> 彼得侵犯了财产权

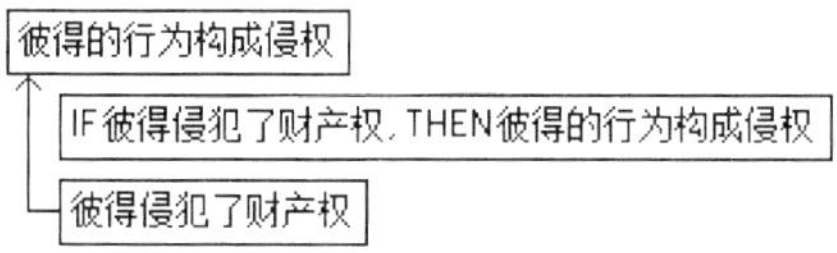

图 3.2 有依据的步骤

论证中任何步骤(即理由与结论间的任何连接)都有可附于它的相应**步骤依据**。图 3.2 表示了一个实例。[2]

步骤依据所起之作用相似于经典推论规则分离规则(Modus ponens;从 P 和 $P \to Q$,推出 Q)中的实质蕴含。

类似地,并非**任何**命题是一个打破**任意**理由与结论间连接的例外。正如步骤那样,底切也需要有依据。某命题是底切例外,这个描述本身就是命题。此类"例外命题"为底切提供依据。**底切依据**可有以下表示:

> 命题"有支持彼得行为的正当理由根据"是规则"如果彼得侵犯了财产权,那么彼得的行为构成侵权"的一个例外。

---

[2] 图中"步骤依据命题"里使用大写字母旨在建议应该把"IF…,THEN…"当作二元逻辑联结词。步骤依据的一种更"逻辑的"符号表示形式应为,如 $p \rightsquigarrow q$。

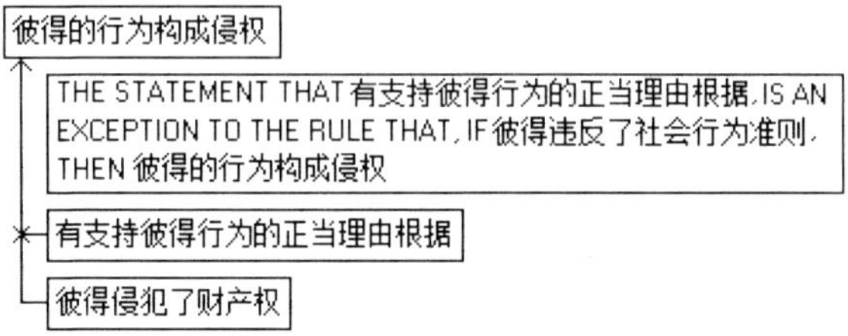

```
彼得的行为构成侵权
    ↑
    THE STATEMENT THAT 有支持彼得行为的正当理由的根据, IS AN
    EXCEPTION TO THE RULE THAT, IF 彼得违反了社会行为准则,
    THEN 彼得的行为构成侵权
  × 有支持彼得行为的正当理由的根据
  └ 彼得侵犯了财产权
```

图 3.3　有依据的底切

图 3.3 表示的是一个有其依据的底切。

论证中任何底切（即任何"删去"理由与结论间连接的例外）都有可附于它的相应底切依据。[3]

如上文所述，有依据附于各个步骤和底切的理由/结论/例外结构为**有依据的论辩性论证**，或简称为**论证**。它们是通过以下方式递归构建的（为简单起见，使用注释2、3的逻辑式符号）：

(1) 单个命题是论证（包含一个命题，没有步骤与底切）。它的结论和仅有前提是该命题本身。

(2) 任何论证如果包含命题 ψ，可用步骤对其进行扩充，通过把命题 φ ⤳ ψ 和 φ 添进论证来完成。在生成论证中，φ 是支持 ψ 的理由。生成论证的结论为原论证之结论；其前提为 φ ⤳ ψ、φ 和原论证中除去 ψ 的前提。

(3) 任何论证如果包含一个由 φ ⤳ ψ 和 φ 构成的步骤，可用底切对其进行扩充，通过把命题 χ ⋈ (φ ⤳ ψ) 和 χ（对于有些 χ）添进论证来完成。在生成论证中，χ 是相应于 φ ⤳ ψ 和 φ 构成之步骤的例外。生成论证的结论为原

---

〔3〕 表示底切依据的语句是通过组合其他语句而生成的，其使用了三元逻辑联结词 "THE STATEMENT THAT..., IS AN EXCEPTION TO THE RULE THAT, IF..., THEN..."。底切依据的一种更"逻辑的"符号表示形式应为，如 $e \bowtie (p \leadsto q)$。比较注释2。

第3章 自然化之改进:ArguMed 2.0

论证之结论;其前提为 $\chi \bowtie (\varphi \rightsquigarrow \psi)$、$\chi$ 和原论证的前提。

可能存在多理由支持一个结论和多例外对应一个步骤的情形。[4]

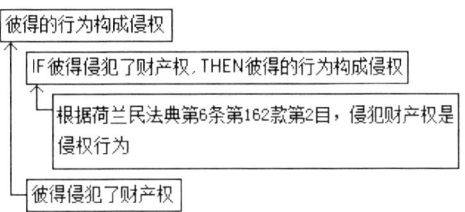

图 3.4 支持步骤依据的理由

也许有人认为步骤依据和底切依据对论证补充不多,而仅仅使实例步骤与底切中本身已有的关系明确化。然而依据本身可作为论证之**对象**。图 3.4 表示了一个实例。在这个论证中,为步骤依据"如果彼得侵犯了财产权,那么他的行为构成侵权"引入了一个理由。这个理由为,"根据《荷兰民法典》第 6 条第 162 款第 2 目(*burgerlijk wetboek*),侵犯财产权是侵权行为。"

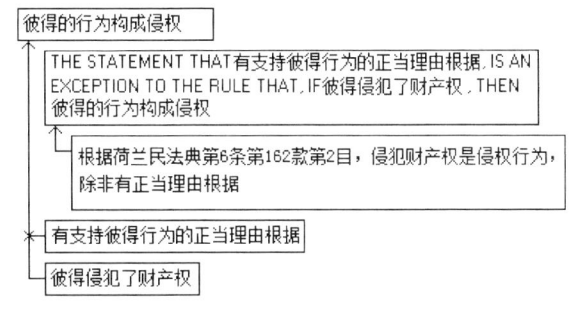

图 3.5 支持底切依据的理由

---

[4] 目前,论证被假设为有限的。这一点在不存在支持循环或攻击循环时成立。参见第 3.3.3 节。

同样，图 3.5 中的论证表示了一个包含底切依据支持的论证。在这个实例中，使用例外的法律渊源（即《荷兰民法典》第 6 条第 162 款第 2 目）对正当理由根据是规则"侵犯财产权是侵权行为"之例外进行了支持。

请注意图 3.4 和图 3.5 中所示之论证并未阐明所有依据。例如，在图 3.4 的论证中，有一个步骤没有其相应依据：没有明确给出从理由"根据荷兰民法典第 6 条第 162 款第 2 目，侵犯财产权是侵权行为"到步骤依据命题（"IF…, THEN…"）的步骤依据。

可通过给任意仍未附着依据的步骤和底切附上恰当的依据命题来对任何有隐含依据的论辩性论证进行扩充。（请注意，表示步骤依据和底切依据的语句是通过恰当的逻辑联结词形式地组合其他语句而产生的。参见注释 2 和注释 3。）在实践中，方便的做法是将所有本身不是进一步论证对象的依据留于隐含状态。

3.1.3 证成

有依据的论辩性论证类似于经典逻辑证明的可废止论证：一个有依据的论辩性论证展示了它的结论在预设前提（即位于论证"树"根位置的命题）的情形下是否被证成。经典证明为始终证成的，正如以下所阐释的那样，与之不同的是有依据的论辩性论证可以为证成的，也可以为未证成的，例如由于在论证中出现例外。此外，扩充一个有依据的论辩性论证（如添加例外）可改变它的证成状态，这一点变得十分清晰。论辩性论证是否证成其结论取决于该论证之结构，即取决于出现在其中的理由、结论、例外和依据及它们关联的方式。

在这我们令论证的证成状态依赖于给出的**假定**，这些假定不必然包含论证前提。这允许了论证有"悬而未决"之前提，即那些没有被假定的前提，而它们反而是有待进一步论证的争议，这种做法

第 3 章 自然化之改进：ArguMed 2.0

在实践论证中较为方便。(请见下文。)

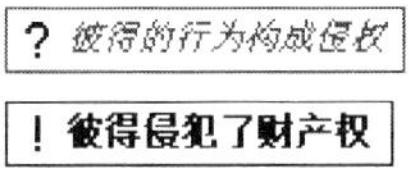

？ 彼得的行为构成侵权
！ **彼得侵犯了财产权**

图 3.6 争议与假定

对于拥有最简单结构的论辩性论证——命题而言，证成状态与给出的假定有关，是由命题类型所决定。[5] 如果命题本身为假定，则该命题（被当作有平凡结构的论证）的证成状态为证成的。论证的"结论"——命题本身为被证成的。如果命题不是假定——此情形下它被称作**争议**，则该命题既是未证成的（作为论证）又是未被证成的（作为命题）。在图中，用叹号标记假定，用问号标记争议。被证成的命题用粗体表示，未被证成的命题被设为斜体。例如在图 3.6 中，命题"彼得的行为构成侵权"为一个争议，而命题"彼得侵犯了财产权"为一个假定。

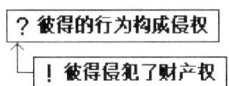

图 3.7 由一个被证成理由所证成的争议

在一个没有例外与明确步骤依据的论证中，争议为被证成的，如果存在被证成理由支持它。例如，图 3.7 中所表示的论辩性论证是证成的，且争议"彼得的行为构成侵权"是被证成的。请注意该实例表明，在目前使用的术语中，争议无须是开放的，而是可被解决的。在此已将争议解决为被证成的。（显然追加的论证能将一个

---

[5] 正如将在第 4 章中解释的，ArguMed 3.0 中的情形与此不同，那里的假定为初步证成的且能真实地被击败。

已解决争议转变成开放争议，反之亦然。请见下文。）

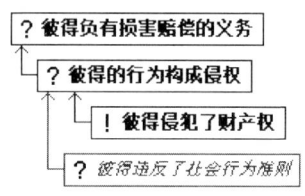

图 3.8　悬而未决的前提

图 3.8 表示了一个有略微更复杂结构的证成论辩性论证。在这个论证中，争议"彼得负有损害赔偿的义务"由（被证成）理由"彼得的行为构成侵权"所证成。争议"彼得的行为构成侵权"同样也被证成。有两个理由能证成它："彼得侵犯了财产权"和"彼得违反了社会行为准则"。仅有前者证成了"彼得的行为构成侵权"，因为它是一个被证成的假定。后一理由（即"彼得违反了社会行为准则"）未能证成"彼得的行为构成侵权"，因为它是一个未被证成的争议（用斜体表示）。该争议未被证成是因为没有理由证成它。

争议"彼得违反了社会行为准则"是论证中的一个**悬而未决前提**实例：论证之未被假定的前提，却是有待进一步论证的争议。悬而未决前提不影响论证的证成状态。因而，目前使用的前提和假定之术语是十分不同的概念。简单来说其区别如下：一个命题是否为前提取决于论证的结构。基本上，前提为论证的一个根，即作为前提的命题是没有引入理由所支持的。与之不同，任何命题可为假定，不仅限于论证的根，因为所有命题都有一个类型，要么为假定类型要么为争议类型。图 3.9 包含了一个关于假定与前提之差异的抽象实例。

在该图中，a 支持 b，b 支持 c，c 支持 d 且 d 支持 e。命题 a、b、c、d 和 e 中仅 c 的类型为假定。另 4 个为争议。命题 c、d 和 e

第 3 章 自然化之改进：ArguMed 2.0

被证成，命题 a 和 b 未被证成。命题 c 被证成因为它是一个假定。尽管命题 d 和 e 为争议，但由于分别有证成理由 c 和 d 支持，它们也被证成。命题 a 和 b 未被证成因为它们是无证成理由支持的争议。命题 a 是该论证的前提，但由于为争议故它是一个悬而未决前提。

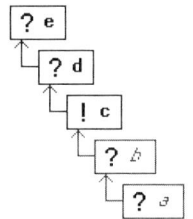

图 3.9　假定与前提

当然，在论辩的动态实践中，通过新添加之理由一个悬而未决前提能变为被证成的。此时它不再为该论证之根并因此不再是一个前提。

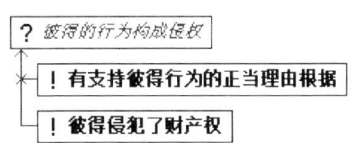

图 3.10　例外使得理由不证成其结论

例外有使一个理由不再证成其结论的作用，即使该理由本身是被证成的。例如，图 3.10 中的论证是未证成的，因为仅有的支持其结论之理由被例外"有支持彼得行为的正当理由根据"所底切。由于该例外是一个假定，显然它本身是被证成的。

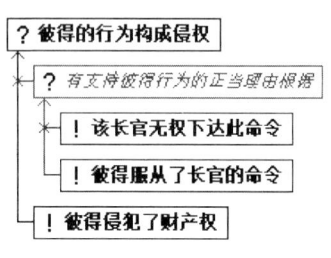

图 3.11 未被证成的例外

如果一个例外本身未被证成，那么它不产生底切作用。例如，图 3.11 中的论证是证成的。

截至目前，步骤依据和底切依据仍被留置于隐含状态（参见第 3.1.2 节结尾部分的讨论）。只要论辩性论证的依据不处于争议中（而是被隐含地假定），它们就不影响论证的证成状态。假设依据处于争议中，则它们对证成状态产生如下影响。如果一个步骤依据命题未被证成，则步骤之结论不被步骤之理由所证成。类似地，如果一个底切依据未被证成，则相应底切不产生作用（即底切例外不阻断理由与结论之间的连接）。

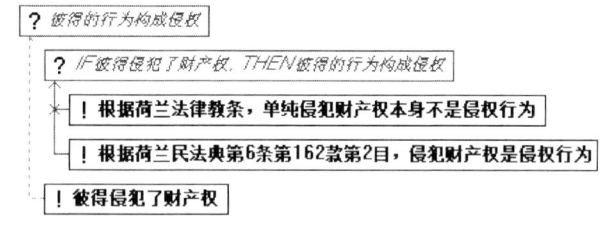

图 3.12 未被证成的步骤依据

例如，图 3.12 中所表示的论证是未证成的，因为其中有一个步骤是无依据的（这是从其中有一个步骤未被证成的意义来说）。该论证基于荷兰侵权法文献的意见，"单纯侵犯财产权本身不是侵

第3章 自然化之改进：ArguMed 2.0

权行为"（如参见 Asser – Hartkamp，1998，4 – Ⅲ；Spier, Hartlief, Van Maanen & Vriesendorp，1997；另参见 Verheij, Hage & Van Maanen，1999）。使用虚线箭头直观地表示步骤没有依据之事实。

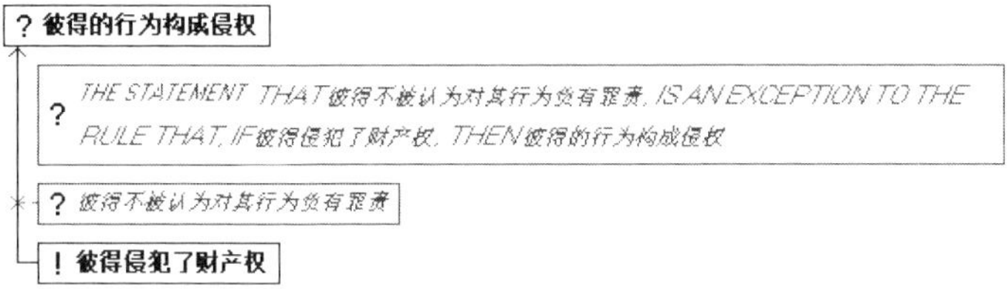

图 3.13 未被证成的底切依据

如所说那样，当相应底切依据未被证成时例外不产生底切作用。例如，在图 3.13 所示的论证中，命题"彼得不被认为对其行为负有罪责"作为"彼得的行为构成侵权是因为他侵犯了财产权"这个论证的例外而出现。然而，由于相应底切例外是一个（未被证成的）争议，因此它不具有效力。事实上，在该论证中证成这个底切依据将与现行荷兰侵权法相抵触：缺少责罚并不排除某人的行为构成侵权，而是能对由侵权行为引起的损害赔偿的义务产生作用。

总之，命题是否被证成、理由是否为证成的或例外是否为底切，都取决于它所处论证的（递归）结构（参见第 3.1.2 节）和假定，如下：

一个命题**被证成**，如果
（1）该命题的类型为假定，或
（2）该命题的类型为争议，且存在理由证成该命题。
其他情形下，该命题未被证成。
一个理由**证成**结论，如果
（1）该理由被证成，且

(2) 相应步骤依据命题被证成（或未阐明），且

(3) 没有例外来底切相应论证步骤。

其他情形下，该理由不证成其结论。

一个例外**底切**论证步骤，如果

(1) 该例外被证成，且

(2) 相应底切依据命题被证成（或未阐明）。

其他情形下，该例外不底切论证步骤。

对于有限论证而言该定义是充分的（回顾注释4）。

3.2 严重身体伤害事例

现在我们转向严重身体伤害事例（第1.7节），并将讨论它在 ArguMed 2.0 中的表示。图 3.14 展示的论辩材料与图 2.2 相同。前者在 ArguMed 2.0 中构建，后者构建于 Argue！。

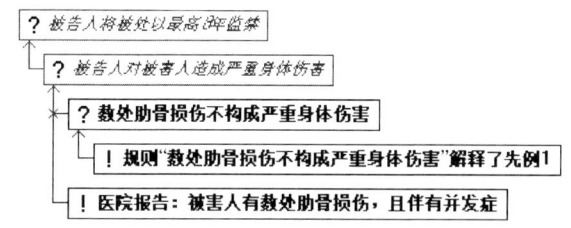

图 3.14 添加底切例外

在 ArguMed 2.0 中，可对步骤依据展开讨论：命题"被告人对被害人造成严重身体伤害"为何是一个支持结论"被告人将被处以最高 8 年监禁"的理由？图 3.15 表明该论证为何成立：通常致人严重身体伤害将被处以最高 8 年监禁，而这种情形的产生是源于《荷兰刑法典》第 302 条。

第 3 章 自然化之改进：ArguMed 2.0

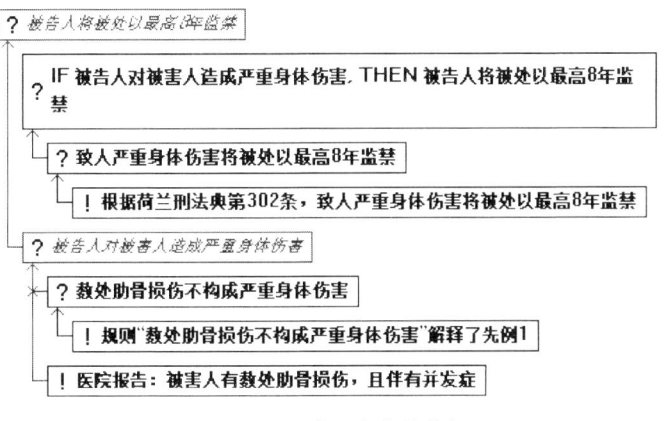

图 3.15 证成一个步骤依据

严重身体伤害事例之论证不能在 ArguMed 2.0 中得到进一步延伸。例如，在 Argue! 中可对命题"被告人对被害人造成严重身体伤害"进行攻击（基于被告人之证言，见图 2.3）。而在 ArguMed 2.0 中没有与之对应的部分，因为其论证理论仅允许对理由与结论间的连接进行攻击。另一个不能展开的论证延伸是对底切依据的攻击：此实例中，先例 1 没有最切中要点，因为它是一个没有并发症的肋骨损伤案例，而先例 2 涉及伴有并发症的肋骨损伤。[6]从而有可能对解释先例 1 的规则之击败作用进行攻击。在 ArguMed 2.0 中，自然的做法应该是攻击相应底切依据。然而这不可能完成，因为 ArguMed 2.0 的论证理论不允许攻击命题。图 3.16 中表示的底切依据是一个未被解决的争议（"THE STATEMENT THAT…"）。

---

〔6〕 切中性是一个在法律领域中基于案例之推理模型内出现的概念（尤其参见，1990）。罗斯（Roth，2003）给出了法律领域中基于案例的一个推理模型，其中案例间的类比是通过对案例中论证的论辩性结构进行比较来建立。他的论辩性论证受 ArguMed 的论辩性论证所启发。

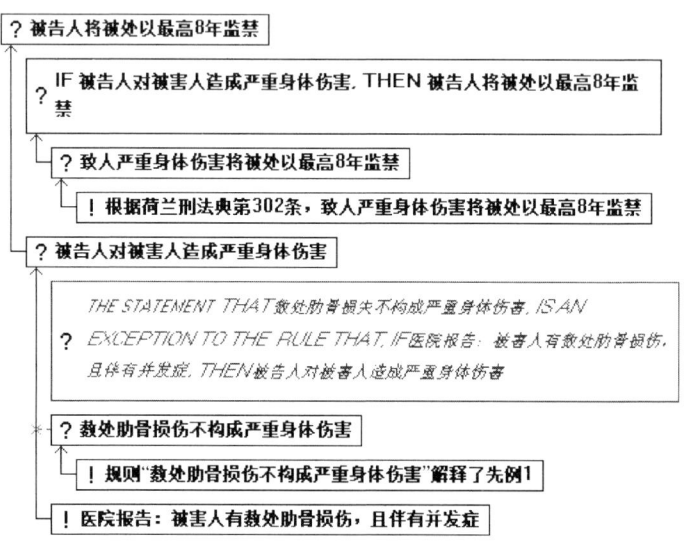

图 3.16　未被证成的底切依据

3.3　程序设计

3.3.1　活动

有三个基本的**论证活动**：制定命题、添加理由与其结论和提供一个阻断理由与结论间连接的底切例外。

三个"论证"（Argue）按键（见图 3.17）各通向一个由 ArguMed 系统所提供的论证**模板**，每个模板对应一个系统论证活动。用户通过填写窗体来执行论证活动。第一个模板为**命题模板**（Statement）（图 3.18）。它允许输入一个命题：用户可键入一个语句并选择该命题的类型。有两种命题类型，即争议类型和假定类型，参见第 3.1.3 节中所讨论的争议与假定之间的区别。对于新命题，缺省选择为争议类型。也可用模板来改变先前阶段所添命题之类型。

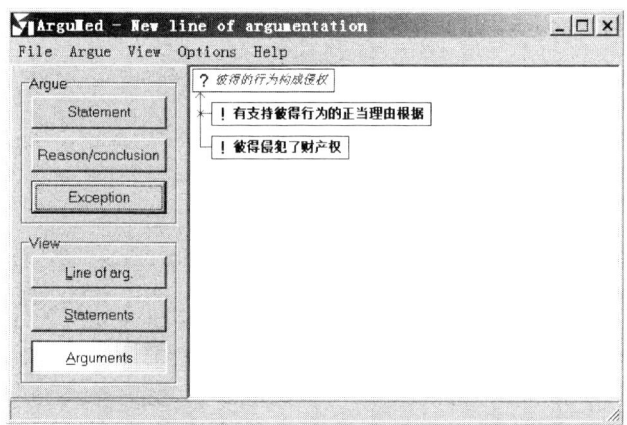

图 3.17 视窗样本

第二个为**理由/结论模板**（Reason/conclusion）。它允许输入一个理由及该理由支持的结论。理由和结论可同为新命题，或可在先前阶段所添命题中挑选。

对于新结论，缺省选择为争议类型；对于新理由，则为假定类型。后种缺省选择背后的直观思想为，通常理由被当作对结论的直接证成而给出，且只有被证成理由，诸如假定类型的理由，才能提供这种支持。如果理由本身的类型为争议，它只能间接证成其结论，即假设该理由被另一（被证成的、未被阻断的）理由所支持。

根据缺省，不对相应于理由/结论活动的步骤依据做出阐明。通过挑选适当方框，用户可选择将添加的步骤依据设为争议或假定。

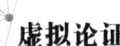

46

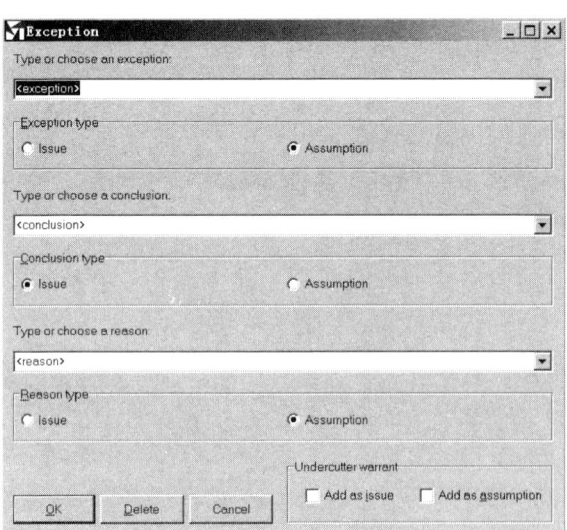

图 3.18 三个论证模板

第 3 章　自然化之改进：ArguMed 2.0

第三个为**例外模板**（Exception）。它允许输入一个底切例外及理由与结论，该例外阻断了理由与结论间的连接。用户提供 3 个命题，即例外、理由和结论。它们每个都可以为新命题，或在先前所添的命题中挑选。

对于新例外，缺省选择为假定类型。此选择背后的直观思想是，例外通常意味着理由与前提间连接的直接阻断，且仅被证成例外才为此类阻断。如果例外的类型为争议，只有当其本身由被证成的、未被阻断的理由所支持时，才能阻断理由与结论间的连接。对于新结论和新理由，缺省类型与理由/结论模板中类似。

根据缺省，不对相应于例外活动的底切依据做出阐明。通过挑选适当方框，用户可选择将添加的底切依据设为争议或假定。

3.3.2　视图

ArguMed 系统有三种**视图**（Views）以提供当前论证会话信息。三个"视图"按键（见图 3.17）各通向一个视图。在"论辩路线"（Line of argumentation）视图中，以用户所执行的顺序列出论证活动（图 3.19）。

在"命题"（Statements）视图中，呈现了用户制定的所有命题。命题类型有如下直观表示：问号表明命题的类型为争议，叹号所标记命题的类型为假定。命题是否（当前）被证成用着色方框与箭头及不同字体（粗体/斜体）表示。

在"论证"（Arguments）视图中，展示了基于当前用户输入可构建的论证。论证表示如第 3.1.3 节图中所示。可选择仅显示论证结构，如第 3.1.2 节图中所示。

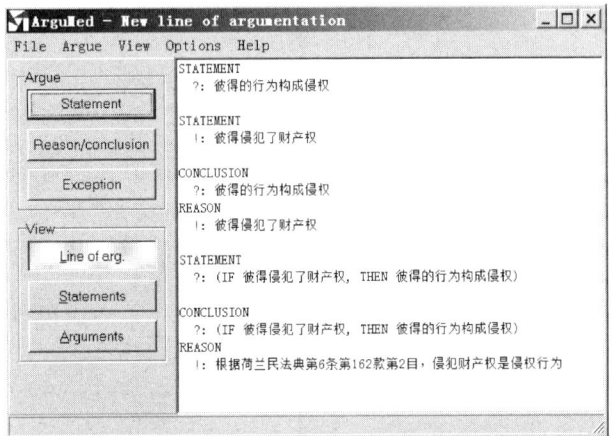

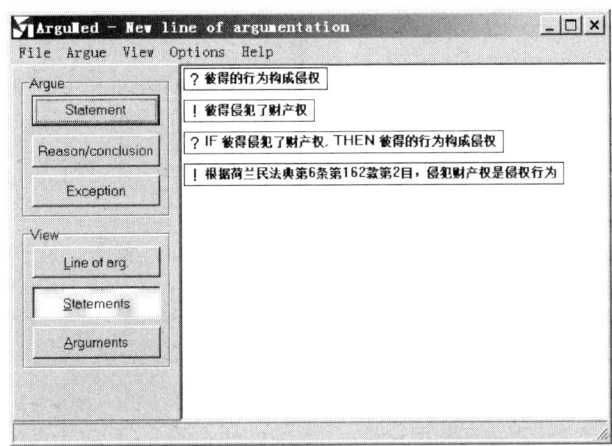

图3.19 "论辩路线"视图与"命题"视图

3.3.3 算法

ArguMed系统有两个基本算法。第一个基于用户所执行的论证活动计算论辩性论证。第二个计算相应于已计算的论辩性论证哪些命题是可被证成的。

第3章 自然化之改进：ArguMed 2.0

计算论辩性论证的算法使用可经由用户活动获取的命题、理由、结论、例外和依据直截构建论证。采用的是第3.1.2节中的论证递归定义。

每个已计算的论辩性论证最大限度地利用可获取之材料；其局限是没有对论辩性论证（任何分支）中的支持循环或攻击循环（如在论证"P，所以Q，所以P"中）进行拓展。因此，生成论证是有限的。在ArguMed 2.0中，未用图形标明中断点（与ArguMed 3.0有所不同）。算法依赖于活动所执行的顺序：如命题被引入的顺序对它们在视窗上的显示有影响。

计算哪个命题被证成之算法遵从第3.1.3节的讨论。对于攻击循环，算法不为同个命题的不同出现提供一致结论。在图3.20中给出了一个实例。（在ArguMed中，某命题将于另一命题的下方出现。）命题"a"底切作为"c"之理由的"d"，且"c"底切作为"a"之理由的"b"。该图表示的是在论辩性论证计算中，循环被阻断：例如，左边论证中，命题"c"出现两次，但其中仅有一次为"d"出现之理由。两论辩性论证的证成状态被分别计算。例如，左边论证中，"a"为被证成的，右边则不是。在一个论辩性论证内，状态在命题每次出现后都要被计算：如果一个命题出现多次，其状态取决于它的位置。例如，左边论证中"c"第二次出现时（其为一个例外）是未被证成的，因为**在该位置**它是一个没有理由支持的争议。

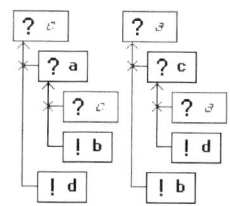

图3.20　ArguMed 2.0中的攻击循环

在 ArguMed 2.0 中，命题状态在该命题每次出现后都要被计算，这样一个事实也许在下面实例中更为清晰。

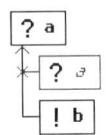

图 3.21　ArguMed 2.0 中的自我攻击

从逻辑观点来看，不令人满意的是出现于不同场合的同一命题被区别计算。开发 ArguMed 3.0 的目的之一是建构不存在这种缺陷的系统。

3.4　用户评价

一个有 10 名测试人的小组对 ArguMed 2.0 展开了评价。该小组由不同背景的人所组成，大多数是来自马斯特里赫特法学院的师生。他们被要求完成一个测试协议，它包含若干要在 ArguMed 2.0 中执行的任务。（该测试协议可在 < www. ai. rug. nl/ ~ verheij/ aaa/ > 上找到，但它为荷兰语版本。附录 A 包含了一个翻译摘录。）目标是为了查明该系统和它的论证理论是否充分满足其自身的要求。为此目的，测试协议最初提供少量关于系统操作的信息，但允许测试人通过表示未经解释的实例及要求他们设法在系统中重现论证例子来自己摸索。在对论辩结构进行解释之前，测试人被要求对他们之所见有何含义做出猜想。（参见附录 A 的协议摘录。）

我们对测试结果进行了定性评估。一些测试人近乎完美地完成了测试协议。大多数测试人表示他们很喜欢这个测试。对于系统的看法是相当积极的。测试协议越容易完成，看法就越积极。测试同时也指出了系统及其论证理论中一些经常出现的障碍。例如，只要不涉及依据，论辩性论证就被理解得相当好。不仅在系统中重现依据有困难，甚至它们在论证中的目标角色对于所有测试人来说都不是十分清晰。结果表明争议与假定的区别对某些测试人而言是有困难的，尤其与命题证成状态有关时。基于模板的界面没有取得全面成功。对有些人来说，把模板槽与论证视窗上所发生的一切联系起来比较困难。据报告输入依据尤其困难。数位测试人期待论证视窗能对鼠标敏感，如可以修复小的键入错误，但通过尝试他们发现并不能如此做。据一些测试人报告缺少帮助功能。测试人也批评到，修复键入错误或删除语句较为费力。

  总之，评价表明 ArguMed 2.0 的大体部分及其论证理论仅需要少量解释且满足了它自身的要求。然而，对于争议与假定的区别、命题的证成状态和依据扮演的角色而言，情况却并非如此。可以期待的是额外的解释与培训是有助益的，尤其因为一些测试人所需求的是完全不做进一步解释。评价同时指出通过模板窗体与论辩材料进行交互会使人产生困惑。

第 4 章 逻辑扩充：基于 DefLog 的 ArguMed 3.0

ArguMed 3.0 是 ArguMed 2.0 的后续版本。就程序设计而言，不再使用窗体输入论辩材料。取而代之的是把视窗制成对鼠标敏感的，从而用户可与已显示的论辩材料直接互动。就论证理论而言，攻击不再局限于底切例外，而是可对任何命题展开攻击。此外，将用于表示支持或攻击的箭头视为条件命题，允许以一种自然的方式处理依据和底切。其论辩理论与 DefLog——一个关于初步证成假定的逻辑理论相对应。

4.1 论证理论

ArguMed 3.0 的论证理论是 ArguMed 2.0 论证理论的一个精简与扩充。ArguMed 3.0 允许对所有命题展开攻击，而 ArguMed 2.0 关注的是底切，即对理由与其结论间的连接进行攻击。

4.1.1 论辩性论证的结构

在 ArguMed 3.0 中，论辩性论证所包含的命题有可用于连接它们的两类方式：一命题可**支持**另一命题，或一命题可**攻击**另一命题。前者用命题间的尖箭头表示，后者用带叉箭头表示。在这给出了一个实例：

第 4 章 逻辑扩充：基于 DefLog 的 ArguMed 3.0

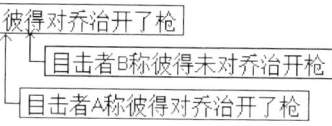

图 4.1 支持与攻击

该论辩性论证由 3 个基本命题构成，即"彼得对乔治开了枪"、"目击者 A 称彼得对乔治开了枪"和"目击者 B 称彼得未对乔治开枪"。如图所示，第二个命题为支持"彼得对乔治开了枪"的理由，第三个命题为攻击"彼得对乔治开了枪"的理由。

通过把连接箭头（支持或攻击类型）看作一类本身能被支持或攻击的命题，论辩性论证的表达力得到显著增强。支持论证步骤的箭头或攻击论证步骤的箭头在这被称为支撑该步骤的条件。

例如，有人会问 A 的证言为什么支持"彼得对乔治开了枪"。下面将命题"目击者的证言通常为真实的"引作理由：

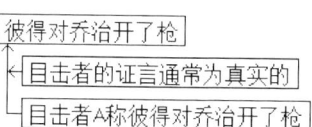

图 4.2 对一命题为另一命题之理由进行支持

命题"目击者的证言通常为真实的"给 A 之证言为何推出"彼得对乔治开了枪"充当理由。相同命题可给以下论证攻击步骤提供支持，即给 B 之证言对"彼得对乔治开了枪"的攻击提供支持。

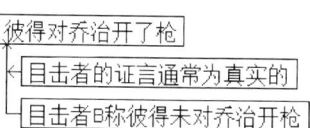

图 4.3 对一命题为另一命题之反对理由进行支持

下列实例表明连接箭头同样也能被攻击：

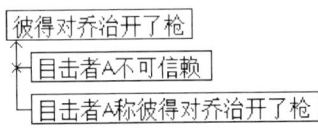

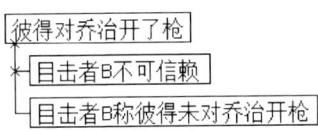

图 4.4　对命题为一个理由进行攻击

在此分别引入目击者 A 和 B 的不可信赖性，作为理由反对其证言所产生的作用。

一般而言，论辩性论证为由三种建构类型所产生的有限结构：

（1）给出一个命题。

（2）用一个理由支持一个先前已给出的命题。

（3）用一个反对理由攻击一个先前已给出的命题。

应该铭记的是类型（2）和类型（3）包括给出的两个命题：一个为普通基本命题，即用于支持（或反对）某命题的理由；另一个为特殊命题，使理由与被支持（或被攻击）命题联合在一起，表示为支撑论证支持（攻击）步骤的条件。

尽管在此将论辩性论证视为有限结构的产物，但它们对应的树型结构可以是接近无限的。图 4.5 给出了一个实例。

省略号表示该论证能被进一步扩充的地方。

可将此论证看作三个建构步骤的产物。首先，给出命题"彼得对乔治开了枪"，然后用反对理由"彼得未对乔治开枪"攻击该命题，而最后，转而声明命题"彼得对乔治开了枪"为反对该攻击的

第 4 章 逻辑扩充：基于 DefLog 的 ArguMed 3.0

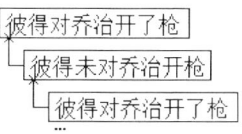

图 4.5　攻击循环

理由。如果将所产生的循环扩展成树（从初始命题自上而下生长），其结果为无限的。如图所示（由系统所生成），通过在命题首次再现后阻断分支的扩充，使相关信息得以有限地表示。

4.1.2　论辩性论证之评价

可以就初步证成假定集对论辩性论证展开评价。以下是一个被评价的论辩性论证实例：

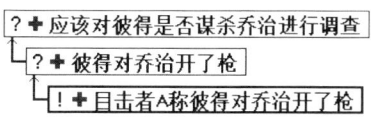

图 4.6　被评价的论证

与在 ArguMed 2.0 中类似，假定前有一个叹号，其他用问号标记的都被称为争议。另一辨别假定与争议的方式为，假定是用加粗线框来表示的。例如，在图 4.6 中，命题"目击者 A 称彼得对乔治开了枪"为假定，而显示的另两个命题为争议。所示的 3 个命题被评价为被证成的，用粗体与加号表示。有关 A 之证言的命题被证成，因为它是一个未被攻击的假定；命题"彼得对乔治开了枪"被证成，因为它被一个证成理由（即 A 之证言）所支持，而关于调查的命题有着类似情况。（在此和之后，将支撑论证步骤的条件隐含地假设为初步证成的。）

下列实例包含一个反对两命题间支持关系的攻击：

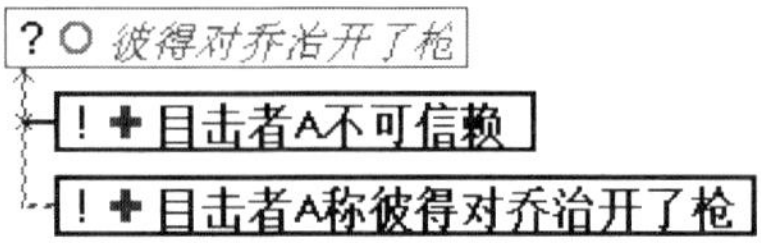

```
┌─────────────────────────┐
│ ? ○ 彼得对乔治开了枪    │
│  ┌──────────────────────┴──┐
│  │ ! + 目击者A不可信赖      │
│  ├─────────────────────────┤
│  │ ! + 目击者A称彼得对乔治开了枪 │
│  └─────────────────────────┘
```

图 4.7　被评价的论辩性论证

有关 A 之证言及不可靠性的命题为假定,而命题"彼得对乔治开了枪"为争议。这两个假定被证成由于它们未被攻击。命题"彼得对乔治开了枪"为待评价的(用斜体和圈号表示):它未被证成或未被击败由于它是一个没有证成理由或击败理由的争议。

下列是一个命题被击败的论辩性论证实例:

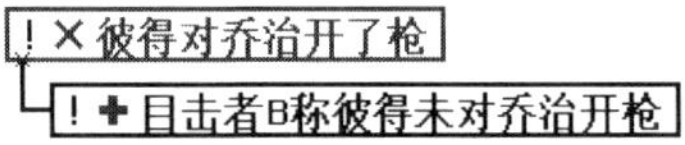

```
┌─────────────────────────┐
│ ! × 彼得对乔治开了枪    │
│  ┌──────────────────────┴──┐
│  │ ! + 目击者B称彼得未对乔治开枪 │
│  └─────────────────────────┘
```

图 4.8　被击败的假定

"彼得对乔治开了枪"该假定被击败(用粗体和叉号表示),因为它被反对理由"目击者 B 称彼得未对乔治开枪"所攻击。

关于初步证成假定集的论辩性评价有如下自然限制:

（1）一个命题是**被证成的**,当且仅当,
　　a. 它为一个假定,没有击败理由反对它,或
　　b. 它为一个争议,存在证成理由支持它。
　　一个命题是**被击败的**,当且仅当有击败理由反对它。

（2）一个理由是**证成的**,当且仅当,该理由和支撑相应论证支持步骤的条件是被证成的。

（3）一个理由是**击败的**,当且仅当,该理由和支撑相应论证攻击步骤的条件是被证成的。

论辩性论证的根本复杂之处在于,关于初步证成假定集论辩性论证可以有不定数量的评价:可能不存在评价,或一个评价,或若

第 4 章　逻辑扩充：基于 DefLog 的 ArguMed 3.0 ▲

干个评价。

假设如我们所设定的那样，命题不能同时为被证成的和被击败的，则在把 A 和 B 的证言看作假定时，图 4.1 所示的关于彼得是否对乔治开了枪的论证是没有评价的。如下可看出该论证没有评价。由于两假定都未被攻击，则在任何评价中它们应该都被证成。然而 A 的证言将要求"彼得对乔治开了枪"被证成，而同时 B 的证言将要求"彼得对乔治开了枪"被击败。这是不可能的。

一个关于双评价的论辩性论证实例为上文所讨论的循环论证。

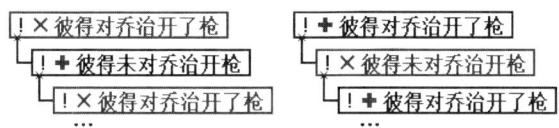

图 4.9　双评价实例

该论证有两个初步证成假定，即"彼得对乔治开了枪"和"彼得未对乔治开了枪"。两假定互相攻击。在某一评价中，"彼得对乔治开了枪"被证成，从而击败"彼得未对乔治开了枪"，而在另一评价中情形相反。

我们注意到双评价的存在可能由于攻击循环由偶数个命题构成。奇数长度的攻击循环可导致评价不存在。图 4.10 表示了两个受说谎者悖论（参见如 Gamut，1991，p. 10）启发的实例：

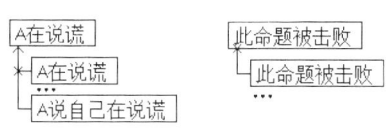

图 4.10　两个不存在评价的实例

在左边实例中，有 3 个假定。第一个是 A 说他（自己）在说谎。第二个（用支持箭头表示）是 A 说自己在说谎的这个话，支持了他在说谎。第三个（用攻击箭头表示）是考虑到 A 在说谎。A 说自己在说谎的这个话，不能给他在说谎提供支持。通过对众所周知的说谎者悖论之各版本进行推理，所得出的结论是不存在评价。[1] 右边的实例涉及自我攻击的假定，其情形类似。[2]

4.1.3 论证可何时结束

上文所描绘的论辩性论证理论可用于制定法律决策的启发式。这种启发式应能描述（例如）一个法官可何时终止其论辩路线和他应当何时将之延续以此达成一个更好的判决。

一个论辩路线可何时终止？需要对四个问题给予肯定的回答。[3]

（1）任何（被证成的）假定都足够显著吗？

如果答复为否，则该假定应被转成争议，且它自身需得到支持。在刑事法庭情景下，字面上取自证言或警方报告的命题通常可充当足够显著的假定。请注意其显著性并不意味着它们为被证成的：因为假定是可废止的，它们并非不受反论证之影响。其他足够显著之假定的实例包括普遍被认同的事实和规则。在上文所说的最终论辩性论证中，命题"目击者 A 和 B 不可信赖"是一个不够显著并需要进

---

〔1〕 假设存在一个评价。如果该评价中命题"A 在说谎"被证成，则它是由 A 说自己在说谎的这个话所证成的。然而这是不可能的，因为那样的话，命题"A 在说谎"会对支持连接进行攻击。命题"A 在说谎"也不能被击败，因为它没有被攻击。但如果在该评价中命题"A 在说谎"既未被证成也未被击败，A 说自己在说谎则证成了"A 在说谎"，这与命题"未证成 A 在说谎"相矛盾。通过归谬法可得出不存在评价。

〔2〕 请注意对于 DefLog 而言，命题"此命题被击败"被当作一个基本命题，这与"约翰是小偷"或"p"类似。DefLog 的语言不包括指示词"这"和谓词"被击败"。参见第 4.1.4 节。

〔3〕 在这，终止一个论辩路线的前提条件是能关于假定独一无二地评价论辩性论证。鉴于当前目的，不对该前提条件做进一步讨论。

第 4 章 逻辑扩充：基于 DefLog 的 ArguMed 3.0

一步支持的命题实例。因此应该将它转成争议。

（2）对于任何证成命题或击败命题而言，究其之所以是支持的或击败的，清晰吗？

如果答复为否，则需对该论证步骤进行支持。法典或先例中所述的普遍规则之参考可很好地充当论证步骤的支持。可在上文所说最终论辩性论证中找到一个需要进一步支持的论证步骤实例：值得阐明的是警察的证言通常为真实的。

（3）对于任何未被证成的命题而言，所有可支持它的命题有被当做理由引入吗？

如果答复为否，则需引入附加的理由。甚至应当引入被视为未证成的初步理由，因为这有助于阐明它为什么是未证成的。例如，可能发现不存在支持或存在底切例外。

（4）对于任何未被击败的命题而言，所有可攻击它的命题有被当做反论证引入吗？

如果答复为否，则需引入附加的反论证。同样应当引入非击败的反论证以此阐明它为什么不是击败的。例如，可能存在反论证之反对或不存在支持。

每个行动规定了当对问题给予否定回答时，在评价中可导致的变化。例如，如果一个假定变为争议，且没有证成理由支持，则它将不再被证成。如果一个命题未被击败，同时新的反论证被引入，则该命题可变成被击败的。

从本质上说，启发式所起的作用是令论证能终止在单个论辩性活动不再产生涉及该案例的更好理论（即初步假定集）时。[4]

---

[4] 这表示了一种与融贯主义证成观点上的理论比较之间的联系。参见（人工智能与法领域）本奇－卡朋与沙托尔（Bench－Capon & Sartor, 2001）和哈赫（Hage, 2001a）。

能够或甚至应该用以回答这四个问题的主要信息来源为法律（如藏身于法典、条约和先例）、案件材料（如目击者和专家的证言、警方报告和法院起诉书）和决策者本身的知识与经验。

如果对四个问题都给予肯定的回答，则能终止论辩路线，并且其中被证成的命题可被视为从该论辩性论辩理论观点出发的好决策。应该注意的是，所产生的决策评价并非绝对观念。附加或偏离的见解与信息能改变对这四个问题的回答，并可能需要对原有论辩路线进行延伸。例如，新信息可能表明存在未预见的理由或例外。

因此，法律决策的"论辩性结构"不仅是法律决策者的工具，同时也是其挑战者即检控方、辩护方和上诉法院的工具。他们都能自己回答这些问题，并从而找到线索颠覆或加强论证。

4.1.4　DefLog：初步证成假定理论

以上所讨论的论辩性论证理念可依据逻辑系统 DefLog（Verheij，2000a，2003a）精确形式化。请见附录 B。

理论之论辩性解释

DefLog 的出发点是包含两联结词×和⤳的简单逻辑语言。前者为一元联结词用于表示对命题的击败，后者为二元联结词用于表示一命题对另一命题的支持。如果 φ 和 ψ 为语句，那么×φ（称之为 φ 的**论辩性否定**）表示命题 φ 被击败，而（φ⤳ψ）表示命题 φ 支持 ψ。攻击表示为 ⋈，可用上述两个联结词定义它：φ⋈ψ 被定义为 φ⤳×ψ，且表示命题 φ 攻击命题 ψ，或等价表示 φ 支持了对 ψ 的击败。如果 p、q、r 和 s 为基本语句，那么 p⤳(q⤳r)、p⤳×(q⤳×r) 和（p⤳q）⤳(p⤳×(r⤳s)) 是一些语句实例。为方便起见，将省略外层括号。

DefLog 的中心定义是理论的**论辩性解释**概念。形式上，DefLog

第 4 章　逻辑扩充：基于 DefLog 的 ArguMed 3.0

的理论论辩性解释是瑞特（Reiter, 1980）的缺省理论扩充、格尔方德与列夫席兹（Gelfond & Lifschitz, 1988）的逻辑编程稳定模型、董番明（Dung, 1995）的论证框架稳定扩充和邦达伦科等人（Bondarenko et al., 1997）的基于假定框架稳定扩充的一个转化版本。[5]

理论为任意语句集，并且当对其进行论辩解释后，该理论中所有语句要么被评价为被证成的，要么为被击败的。（这区别于标准逻辑中的理论解释，其所有语句在一个已解释的理论中被指派以同样的正值真，例如提供一个该理论的模型。）

当满足以下两个条件时，把值被证成或被击败赋给理论中的语句则会产生该理论的一个论辩性解释。其一，该理论的被证成部分必须是免于冲突的。其二，该理论的被证成部分必须攻击被击败部分的所有语句。形式定义如下。

(i) 令 T 为一组语句集，且 φ 为一个语句。如果 φ 在 T 中，或通过反复应用⤳ - 分离规则（即从 φ ⤳ ψ 和 φ，得出 ψ）从 T 推出 φ，那么 T **支持** φ。如果 T 支持×φ，则 T **攻击** φ。

(ii) 令 T 为一组语句集。如果不存在语句 φ 同时被 T 支持和

---

〔5〕 在附录 B 中，建立了与董番明（Dung, 1995）的工作之间的形式联系。例如，在曾提及的由董番明（Dung, 1995）所讨论的形式体系与 DefLog（Verheij, 2000a）中的扩充描绘之间存在大量联系。为了在直观上进行引导，下述讨论将有助益。在 DefLog 中，缺省 p : q／r（如瑞特在 1980 年论文中所述）被译作两个条件，即 p⤳r 和¬q ⤳×(p⤳r)。第二个条件是说，如果¬q，则第一个条件被击败。这对应于缺省所体现的直觉，即只要 q 能被一致的假定，则能从 p 推导出 r。（但是请注意，一般否定词¬ 的性质并不是 DefLog 的组成部分。）逻辑编程中规则 p←q，～r（其中～是为失败否定词）对应于 DefLog 中的两个条件，即 q→p 和 r→×（q→p）。第二个条件说的是 q→p 在 r 情形下被击败。这对应于支撑程序规则的直觉，即当 q 被证明时，能推导出 p，而 r 却不是。更多技术细节，读者可参考 Verheij, 2000a.

攻击，那么 T 是**免于冲突的**。

(iii) 令 Δ 为一组语句集，并令 J 和 D 为 Δ 的子集，两者没有共同元素且它们的并为 Δ。如果 J 是免于冲突的且攻击 D 中所有语句，那么（J，D）**论辩地解释**理论 Δ。J 中的语句为理论 Δ 的**被证成命题**，D 中的语句为**被击败命题**。

(iv) 令 Δ 为一组语句集，且令（J，D）论辩地解释理论 Δ。那么（Supp（J），Att（J））是 Δ 理论的一个**论辩性解释**或**扩充**。在这 Supp（J）表示由 J 所支持的语句集，而 Att（J）表示由 J 所攻击的语句集。Supp（J）中的语句为该论辩性解释的**被证成命题**，Att（J）中的语句为**被击败命题**。

请注意，如果（J，D）论辩地解释 Δ，且（Supp（J），Att（J））为相应的论辩性解释，则 J 等价于 Supp（J）∩Δ，并且 D 等价于 Att（J）∩Δ。为方便起见，称理论 Δ 的论辩性解释（Supp（J），Att（J））由 J 所**指定**。

可使用第 4.1.1 节和第 4.1.2 节所讨论的实例来阐述这些定义。令语句 s 表示彼得对乔治的射击，a 为 A 之证言，b 为 B 之证言，t 为证言的真实性，u 为 A 的不可信赖性，而 i 为调查义务。则图 4.6 所表示之实例与三语句理论 {a, a⤳s, s⤳i} 相对应。图中的箭头相当于这两个条件句。该理论有唯一扩充，其中该理论的所有命题都被证成。此扩充中其他两个被证成命题为 s 和 i。与图 4.8 中实例相对应的理论为 {b, b⤳×s}。图中的带叉箭头对应语句 b⤳×s。该理论不是免于冲突的，但有唯一扩充，其中 b 和 b⤳×s 被证成，而 s 被击败。此扩充中有另一个被解释命题×s，它是被证成的。图 4.2 的实例对应于理论 {a, t, t⤳（a⤳s）}。在其唯一扩

第 4 章 逻辑扩充：基于 DefLog 的 ArguMed 3.0

充中，该理论的所有命题被证成，此外被证成的还有 a⤳s 和 s。图 4.7 的实例对应于理论 {a, u, u⤳×(a⤳s)}。在其唯一扩充中，a⤳s 被击败且 s 未被解释（即既未被证成也未被击败）。请注意，理论 {a, u, u⤳×(a⤳s), a⤳s} 有同样的唯一扩充，但并非是免于冲突的。

DefLog 的逻辑语言仅使用了两个联结词，即⤳和×。尽管它的结构简单，仍可用它分析论辩性论证的许多中心概念。例如，可根据 DefLog 的可废止条件（与任何其他命题的可废止有着相同的方式）定义非定论条件（即当前件为真时并非一定推出其后件）。关于 DefLog 表达力的其他实例有图尔敏（Toulmin，1958）的依据与支持和普洛克（Pollock，1987）的底切击败理由与反驳击败理由。维赫雅（Verheij，2000a）对如何表示这些概念进行了讨论。

无扩充或有若干扩充的理论

以上所讨论的理论实例都有唯一扩充。某些实例有下列一般性质：免于冲突的理论总有唯一扩充，即由该理论自身所指定的扩充。一个有着唯一扩充且非免于冲突的最简单实例为 {p, ×p}。在该理论的扩充中，p 被击败且×p 被证成。其他重要的非免于冲突但有唯一扩充的实例有 {p, q, q⤳×p} 和 {p, q, r, q⤳×p, r⤳×q}。在前个理论中，命题 p 被命题 q 所攻击。在其唯一扩充中，q 和×p 被证成而 p 被击败。后个理论是前个理论的超集：除 q 对 p 的攻击外，还有 r 攻击 q。在其唯一扩充中，p、×q 和 r 被证成，而 q 被击败。两个理论联合起来提供了一个**复效**实例：一命题先被击败，由于它被一个反论证所攻击，但通过添加反击，即对该反论证进行反对攻击，它变为被证成的。这里的 p 得到复效：它先被 q 成功攻击，但该攻击随后被 r 对 q 的攻击所反击。

那么同样有关于无扩充或若干扩充的理论：

(i) $\{p, p \rightsquigarrow \times p\}$、$\{p, p \rightsquigarrow q, \times q\}$ 和 $\{p_i \mid i$ 是自然数$\} \cup \{p_j \rightsquigarrow \times p_i \mid i$ 和 j 是自然数,使得 $i < j\}$ 这三个理论都没有扩充。对于最后一个理论,可通过以下看出。假设存在一个扩充 E,其中对某个自然数 n 来说,p_n 被证成。那么对于 $m > n$ 的所有 p_m 而言,它们在 E 中一定被击败,因为如果有这样一个 p_m 被证成,则 p_n 不能被证成。但这是不可能的,因为击败一个 $m > n$ 的 p_m 只可能由一个 $m' > m$ 的被证成 $p_{m'}$ 攻击所产生。因此,没有 p_i 能在 E 中被证成。但是所有 p_i 在 E 中一定被击败也是不可能的,因为对 p_i 的击败只可能由一个 $j > i$ 的被证成 p_j 攻击所产生。(请注意,最后一个理论的任意有限子集有一个扩充,但整个理论却没有。这展示了扩充的"非紧致"性[6]。)

(ii) $\{p, q, p \rightsquigarrow \times q, q \rightsquigarrow \times p\}$、$\{p_i, p_{i+1} \rightsquigarrow \times p_i \mid i$ 是自然数$\}$ 和 $\{\times^i p \mid i$ 是自然数$\}$ 这三个理论都有两个扩充。在这 $\times^i p$ 表示,对于任意自然数 i,该语句由 i 个长度的联结词 $\times$ 再跟上常量 p 所组成。(请注意,最后一个理论的任意有限子集有唯一的扩充,这展示了扩充的另一"非紧致"性。)

4.2 严重身体伤害事例

关于第 1.7 节严重身体伤害之事例 Argue！和 ArguMed 2.0 将有不同的论证表示。Argue！允许攻击命题,而 ArguMed 2.0 则否,而 Argue！不能处理支撑论证步骤的依据。ArguMed 3.0 结合了两者的优势。

---

[6] 集合性质 P 被称为紧致的是说,如果一个集合 S 的任意有限子集具有性质 P,则该集合也具有性质 P。比较一阶谓词逻辑中可满足性的紧致性。

第4章 逻辑扩充：基于 DefLog 的 ArguMed 3.0

图4.11整合了图2.3（用 Argue！构造）和图3.15（取自 ArguMed 2.0）中所表示的论辩材料。

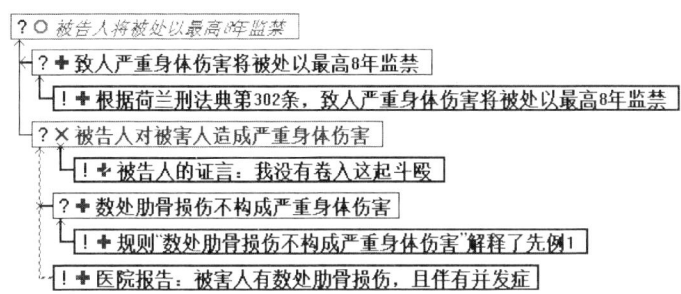

图 4.11 被击败的理由

在图4.11中，被告人将被处罚之结论未被证成，由于支持它的唯一理由（造成严重身体伤害）未被证成，甚至还为被告人的证言所击败。

在目前的案例中，存在进一步信息使得被告人的证言为非击败的：10位酒吧客人的证言指出被告人确实卷入了这起斗殴。图4.12 表示了此论证如何扩展合并这条信息。但仍没有理由证成被告人的可处罚性，而关于被告人造成严重身体伤害这个初步理由却转变为待评价的，而非被击败的。

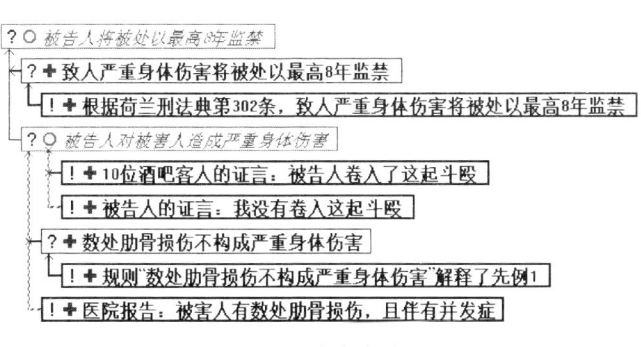

图 4.12 既未被证成也未被击败的理由

虚拟论证
——论法律人及其他论证者的论证助手设计

现在我们着手目前案例中最后的信息片段，其仍未被整合进该论证中：第二个先例更切中要点，并且被一个更具体的规则所解释。[7]该规则解释了先例2，即伴有并发症的数处肋骨损伤构成严重身体伤害，所产生的作用是使先例1的规则（即数处肋骨损伤不构成严重身体伤害）为非击败的。先例2的规则之所以能做到这点是因为它更加具体。在图4.13中表示了此结论。最后，通过理由"被告人对被害人造成严重身体伤害"证成结论"被告人将被处以最高8年的监禁"。

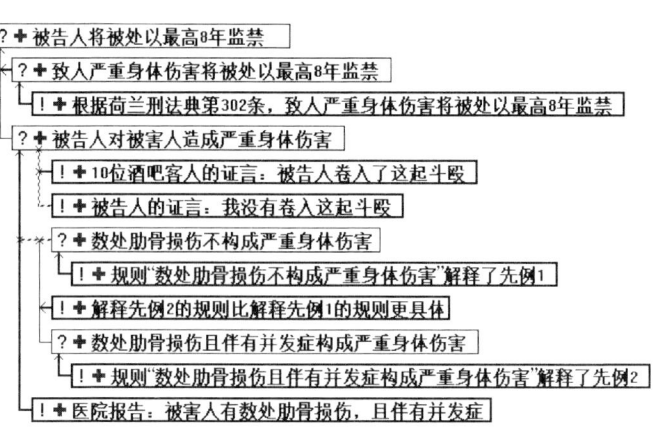

图4.13　对底切命题展开攻击

图4.14表示了基于先例推理的一个转化。它阐明先例2比先例1更切中要点。该论证可通过证成为何出现这种情形而得到进一步延伸：理由可能是，与先例1相比先例2与当前案例有更多共同因素，因为先例2涉及伴有并发症的肋骨损伤情景，而并发症是一个相关因素。

---

[7]　更多关于形式建模法律领域中基于案例推理的细节，读者可参考如阿什利（Ashley，1990）和罗斯（Roth，2003）的工作。另参见第3章的注释6。

第 4 章　逻辑扩充：基于 DefLog 的 ArguMed 3.0

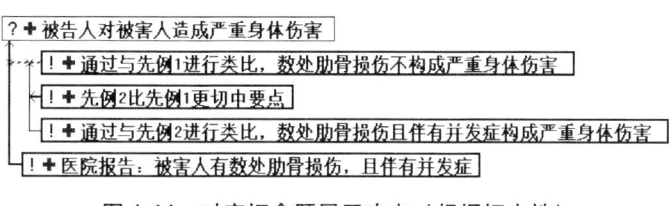

图 4.14　对底切命题展开攻击（根据切中性）

4.3　程序设计

ArguMed 3.0 使用了"鼠标敏感"的论证视窗。双击视窗将打开一个编辑框，可于其中键入一个命题（图 4.15）。

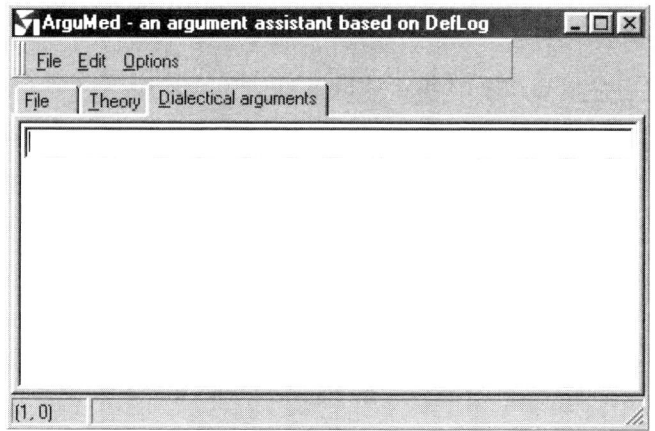

图 4.15　添加命题

可用文本菜单添加进更多的论辩材料，在命题或箭头上右击鼠标后出现此菜单（图 4.16）。

虚拟论证
——论法律人及其他论证者的论证助手设计

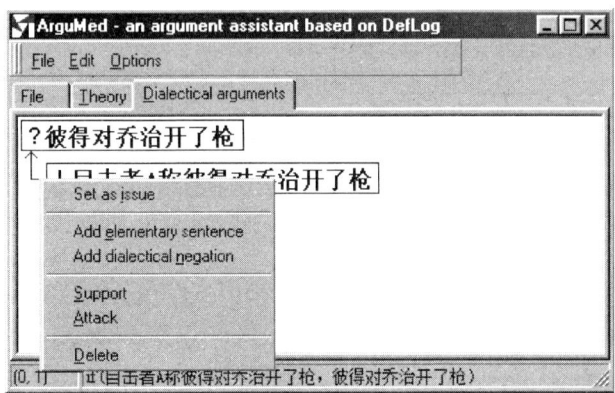

图 4.16 编辑论辩材料

71 新近添加了一个工具栏（图 4.17）。通过点击其中某个按键可制定论证活动。该工具栏对语境敏感：某些按键允许活动关联于现行命题，仅这些按键能被点击。例如，当现行命题为争议时，则"设为争议"（Set as issue）按键不能被点击，而"设为假定"（Set as assumption）按键是可点击的。有按键用于添加基本命题、设置命题为假定或争议、支持或攻击命题和添加合取支。请注意 ArguMed

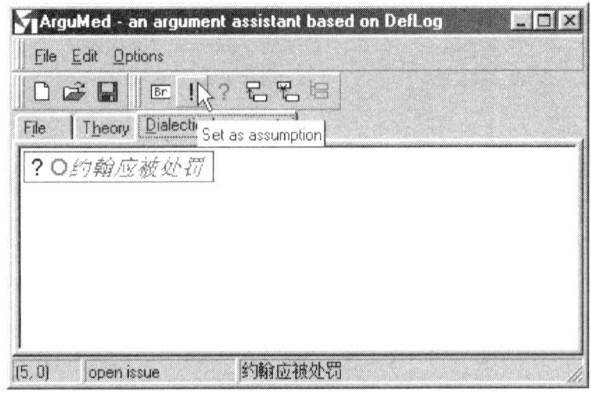

图 4.17 使用工具栏

第4章 逻辑扩充：基于 DefLog 的 ArguMed 3.0

按键与 Argue！中的按键在使用上有所区别：后者改变的是图形模式（如绘制箭头模式），而前者对应于论证活动（如支持一个命题）。

截至目前仍未遇到给条件命题添加合取支的情形。条件的前件为合取有助于表示复合条件规则。例如，《荷兰刑法典》第 289 条涉及的谋杀犯罪，它结合了三个条件：夺取他人生命、主观故意和预谋。图 4.18 展示了如何对此进行表示。该法条本身被引作对此条件命题的支持。

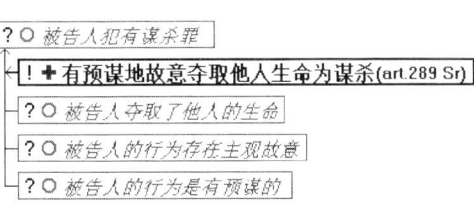

图 4.18　前件为合取的条件命题

在 ArguMed 3.0 中，对论辩性论证的计算是从结论开始的，通过递归地添加论证中支持与反对该命题的理由（包括连接条件）来完成。如果论证分支包含循环，则在命题首次重复后终止递归以确保所生成的图形结构为有限的。对递归的阻断用一串省略号（…）表示。

与在 ArguMed 2.0 中类似，评价在后台自动产生。然而评价算法有所不同：ArguMed 3.0 计算的是可获取之假定的论辩性解释，这与 DefLog 的形式定义相一致。由于这种逻辑的支撑，从逻辑观点来看，ArguMed 3.0 的评价算法与 ArguMed 2.0 的相比更加理想。也许有人记得后者会区别评价同一命题的不同出现。在 ArguMed 3.0 中情况却不同：一个命题的不同出现被指派以相同的评价值。

当存在多个论辩性解释时，可一一查看它们。图 4.19 表示了

73 两个被评价的论辩性论证，对应于同一假定集的两个不同论辩性解释。当不存在论辩性解释时，所有命题显示为待评价的（图4.20）。

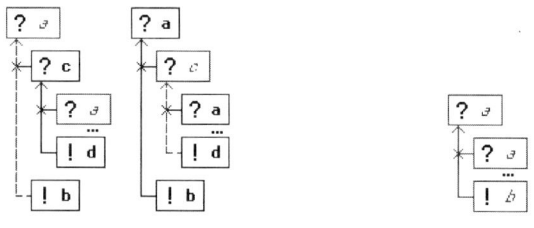

图 4.19　两个论辩性解释　　　　图 4.20　无论辩性解释

ArguMed 3.0 有 3 种视图视窗。第一种显示包含论辩材料的文件（图 4.21）。它被设计成 XML 风格的版式。第二种列出初步证成假定（图 4.22）。第三种显示了根据假定的论辩性解释所评价的论辩性论证（图 4.23）。如果适用的话，能通过点击相应动态生成按键来查看不同的论辩性解释。如果不存在论辩性解释，则在状态栏上记录，同时该论辩性论证被留置为待评价的。

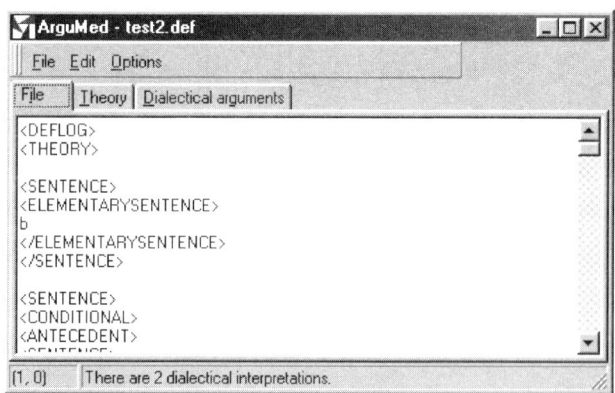

图 4.21　论辩材料文件

第 4 章 逻辑扩充：基于 DefLog 的 ArguMed 3.0

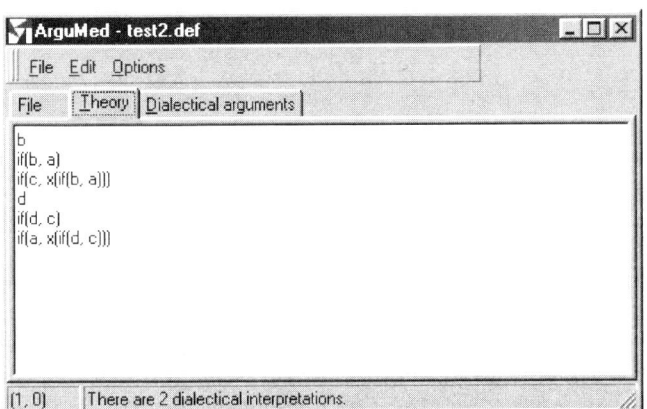

图 4.22 初步证成假定

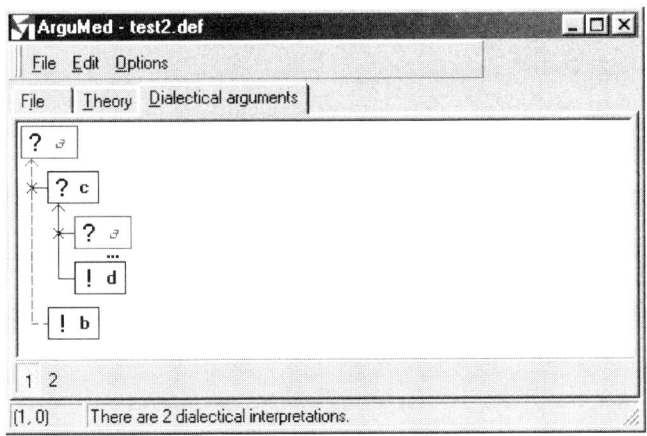

图 4.23 论辩性论证

4.4 用户评价

由 8 位法学院学生组成的小组（上了最后一年的法律信息技术

课程）被要求完成一项关于 ArguMed 3.0 的测试协议。该协议类似于为 ArguMed 2.0 所准备的协议（参见第 3.4 节）。同样，起先给出少量解释，且测试人被要求自己来发现该程序的操作。在给出说明之前，测试人被要求对他们在视窗上之所见进行解释。在接受该程序用户界面信息前，测试人必须重现论证实例。

定性评价表明 ArguMed 3.0 的新界面，在运用鼠标敏感视窗这点上是成功的。测试人报告了关于系统互动的新问题。有人提出在视窗上拖曳命题至另一处、添加复制粘贴功能和使颜色模式可修改的可能。报告了缺乏撤销行动这个可能的操作。对此有所期望是因为 ArguMed 2.0 的一个有用功能在 ArguMed 3.0 中并不可得：ArguMed 2.0 中，通过在论辩路线中来回移动使撤销和重做成为可能。一位测试人希望能在视窗中自由拖动命题（如与 Argue! 中类似），甚至可提供一个选择排序功能。

就论证理论而言，并未有重大问题报告。如同与 ArguMed 2.0 那样，据报告争议与假定之区别和其与命题评价状态之关系为论证理论的最难因素。依据被很好地理解，但当要求测试人在 ArguMed 3.0 中表示给定的文本论证时，其经常出人意料或有趣地被规避。与在 ArguMed 2.0 中评价类似，几位测试人希望有帮助功能，比如图形元素的说明，仅用于提示它们的含义。

大体上，测试人对该系统充满热情，但是同时也表明进一步的发展是有必要的。这些测试人见证了论证助手对于论辩技术教学和构建基于知识系统之可能。（某种程度上很可能通过测试人进行了法律信息技术课程的学习来引发后者。）论证的图形表示被以不同的方式评估：有人认为它富有启发性，其他人质疑它相对文本表示的优势。一位测试人对于论证助手中包含的法律知识感兴趣。

第5章 论证助手与论证调停者之比较

本章讨论了若干论证助手和论证调停者。这些系统之所以被挑选是因为它们的论辩材料是用图形表示的，或因为它们处理论辩性论证的方式，即为关涉支持与反对的论证。[1]

5.1 Belvedere

Belvedere 是一个旨在激发初高中学生间就科学主题展开评判性讨论并发展此类讨论所需技能的系统。Belvedere 允许所谓探询图的协同构建。探询图本质上是一个关于主题命题及其关系的图形表示。

---

[1] 除在此所讨论的系统外，还有许多其他有趣的系统，例如纽特的 d - Prolog (Nute, 1988)，路易与其学生的 NATHAN (Loui et al., 1991 - 1993, < www.cs.wustl.edu/~loui/natnathan.text >)，弗雷斯维克的 IACAS (Vreeswijk, 1995)，普洛克的 OSCAR (Pollock, 1987, 1995)，巴威斯与埃切蒙迪的塔斯基语义世界 (Barwise & Etchemendy, 2000)，斯潘的系统 (Span, 2000) 和姆提耶维尔夫的系统 (Muntjewerff, 2001)，汉尼、科拉斯与莱曼的 ABEL (Haenni, Kohlas & Lehmann, 2001)，雅斯贝尔斯 (Jaspars) 的逻辑动画 (< turing.wins.uva.nl/~jaspars/animations/ >)，里德与沃尔顿的 Araucaria (Reed & Walton, 2001, < www.computing.dundee.ac.uk/staff/creed/research/araucaria.html >)，拉尔夫与马格努森的 Athena (Rolf & Magnusson, 2002, < www.athenasoft.org >) 和 GeNIe (< www2.sis.pitt.edu/~genie/ >)。提勒斯在 MarshalPlan 上的工作也对此方面有兴趣，它是一个关于法律中证据推理的程序与工具集 (< tillers.net/marshal.html >)。

Belvedere 已开发有数个版本。起初，Belvedere 的命题类型包括原则、假说、主张和未指定命题。命题彼此间可有若干关系：有旨在表示支持、解释、原因、合取、冲突、证成和底切的连接。在探询图中，可用图形表示与标记区分连接类型。一些连接类型能关联多个命题，例如用命题的合取表示支持。某些连接类型也能关联连接。萨瑟斯等人（Suthers et al., 1995）报告，其图形元素（使用在 Belvedere 的最初版本中）是松散地基于图尔敏（Toulmin, 1958）图式的。

后来，命题和连接类型的丰富性被抛弃（Suthers, 1999）。这样做的一个原因为，可能出现可获取不同合理选择的局面，这产生了关于个别分类选择的非建设性讨论，而非关主题讨论。因此对选项数量做了限制，以便关注那些被认为是最重要的事物。对于命题，仅区别了两种类型，即材料和假说。萨瑟斯（Suthers, 1999）报告称保留了两类连接，一类为了表示两命题的一致性，另一类为了表示它们的不一致性。请注意，尽管连接类型被分别称为"支持连接"和"反对连接"，其暗指的也是一种有向关系，但是两类连接都倾向表示无向关系。在 Belvedere 3.0 的 Java 简化小应用版本中（可在以下网页获取该应用：< lilt. ics. Hawaii. edu/lilt/software/belvedere/applet. html >），使用了被称为"无连接"的第三种连接类型。图 5.1 表示了一个 Belvedere 视窗的探询图实例。

探询图是一个没有明确语义的语法结构。在 Belvedere 的顾问模块（在小应用版本没有）中可获取一个评价要素（Paolucci et al., 1996; Toth et al., 1997）。顾问模块能给出基于语法的线索以此告诉学生如何修改图表。例如，顾问模块能就某个未被支持的假说询问学生其是否存在支持。在 Belvedere 的后期版本中，探询图可就相关命题、它们彼此的一致性和其证据关系与预设信息进行比较。

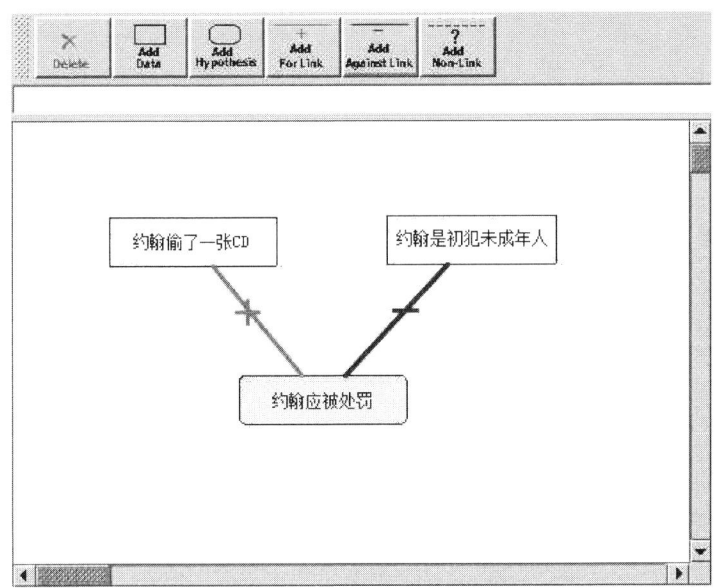

图 5.1 Belvedere 视窗中的探询图

5.2 Convince Me

Convince Me[2]是一个支持以个体或群组为单位来展开融贯推理的论证程序（Diehl, Ranney & Schank, 2001; Ranney & Schank, 1998; Schank, 1995）。它基于联结主义模型 ECHO，该模型对萨加德（Thagard, 1992）的解释融贯论原则进行了模拟。

Convince Me 使用了证据和假说两类命题，及"解释"和"反驳"两种连接类型。解释融贯论底层的主要假设为两种连接类型都

---

[2] 可于下列网站下载该程序：< dewey.soe.berkeley.edu/~schank/convinceme >.

是无向的：融贯信念为对称支持的，而非融贯信念为对称冲突的。"解释"连接能将多个命题关联到一个解释项。图 5.2 表示了一个简单网图。

请注意 Convince Me 和后期简化版的 Belvedere（Suthers，1999）使用了相似的表示（另参见图 5.1），它们都有两类命题和两种无向连接类型。

Convince Me 中的网图可由系统来评价。Convince Me 给每个命题指派一数值（在下载版本中，数值范围从 1 到 9；在发表版本中，数值范围从 –1 到 1），其使用了一种约束满足算法。命题的计算值是下列重复过程的极限值，即将命题值当作输入，进而返还新值。该过程先把某些缺省命题值当作输入。当变化十分小或达到最大步数时终止此过程。使用命题间的加权激发连接和加权抑制连接计算命题值，这是通过解释连接网和反驳连接网来计算的。一般而言，激发和抑制连接集并不与解释和反驳连接集一致。例如，当两证据命题解释一假说时，每个证据命题激发该假说，但它们同时也彼此激发。关于算法的进一步信息将在报告文件中给出。

图 5.2 中实例的结论在图 5.3 中表示。"ECHO"栏表示计算值，"You"栏表示用户预测值（或缺省值 5）。根据日志报告，这些值是经过 75 回合计算而生成的。证据命题 E1（即"约翰偷了一张 CD"）与证据命题 E2（即"约翰是初犯未成年人"）相比值稍微低点，因为激发和抑制出现不同权重。[3]一个无解释连接和反驳连接的网图，其假说的返还值为 5，而证据命题的返还值为 7.3。

〔3〕根据缺省，激发权值被设为 .03 而抑制权值被设为 .055。用户可根据需要改变这些值。

第 5 章 论证助手与论证调停者之比较

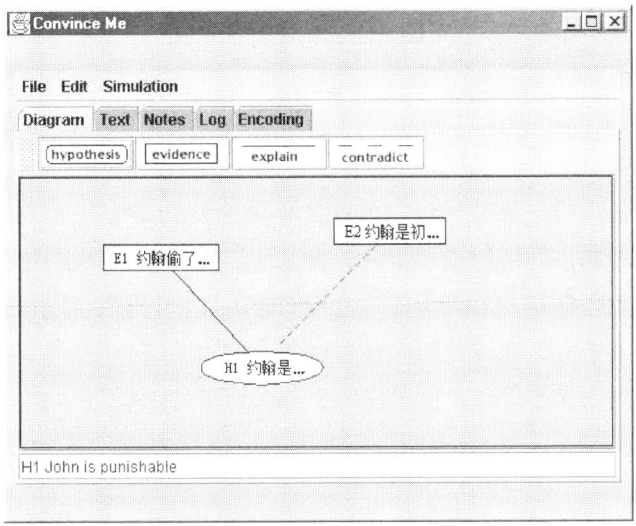

图 5.2 Convince Me 中之网图

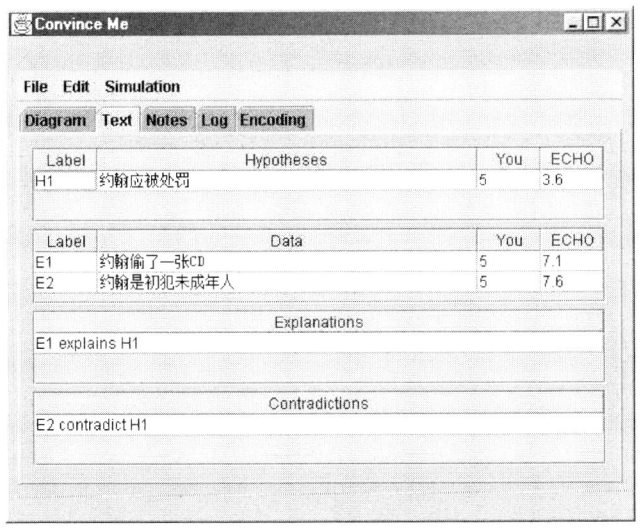

图 5.3 Convince Me 的命题评价结论

5.3　知识整合环境中的 SenseMaker

SenseMaker 是一个论证呈现工具（Bell，1997）。它是某个被称为知识整合环境（KIE，the Knowledge Integration Environment）的大规模环境的一部分。[4] 它新近被囊括于 WISE 中——一个在学校中使用的基于网络的科学学习环境。[5] 其功能性非常简单：允许在所谓的主张框架中组织信息。主张框架是带标题的矩形，可包含其他主张框架或证据点，即连接网页上证据的网络链接。其理念为主张框架的内容提供涉及框架标题中命题的相关证据。

SenseMaker 未区分所示信息间的不同关系种类。它没有提供评价工具，但用户可以指出一个主张框架或证据点表示的信息是否为（十分）弱的、平均的或（十分）强的。主张框架标题中点的颜色取决于用户所设定的值。图 5.4 包含了一个实例。

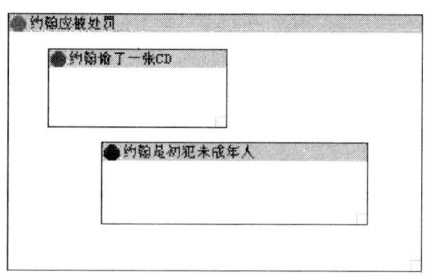

图 5.4　SenseMaker 中的主张框架

---

〔4〕　注意莫把 KIE 的 SenseMaker 与在斯坦福数字图书馆项目中开发的 SenseMaker 系统（参见 < www – diglib. stanford. edu/diglib/pub/slides/sitevisit0497/sensemaker/ > ）混为一谈。后者是一个跨越多种资源的信息浏览界面。

〔5〕　关于 WISE——基于网络的科学探询环境（the Web – based Science Inquiry Environment）的信息可在网上查阅 < wise. berkeley. edu > 。SenseMaker 并不能直接访问，但可通过设计一个样本项目找到 SenseMaker。

5.4 Reason! Able

Reason! Able[6]是一个旨在提高评判性思维技能的论证程序（Van Gelder，2001；另参见 < www. philosophy. unimelb. edu. au/reason/ > ）。该程序界面简单明了且易于使用，尤其因为该程序给出了许多文本提示。

用户可在 Reason! Able 中建构论辩图。论辩图基本由命题及其支持理由和反对异议所组成。图 5.5 表示一个实例。

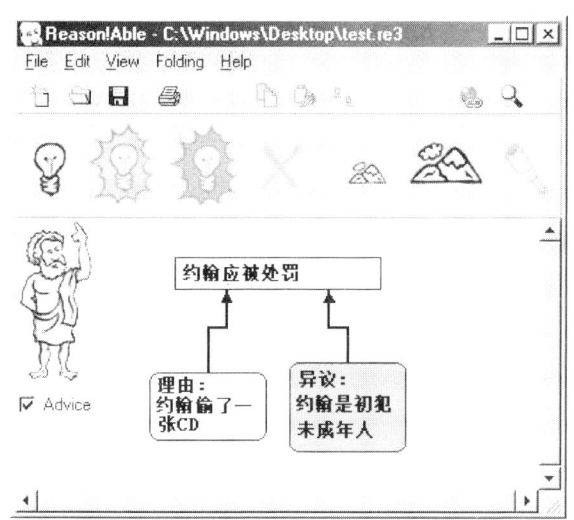

图 5.5　Reason! Able 的视窗样本

在 Reason! Able 中，理由或异议可由一组命题构成。其中形成理由或异议的命题被称为该理由或异议的主前提，其他被称为辅助

---

[6]　该程序的免费试用版可在 < www. goreason. com > 获取。

前提。图 5.6 表示了一个实例。命题"约翰是一个小偷"为理由的主要主张,而命题"如果约翰是一个小偷,那么约翰应被处罚"是一个辅助前提。[7] 一般而言,任意命题(不仅限于条件)可作为辅助前提添入。这里的辅助前提本身被理由"小偷应被处罚"所支持。

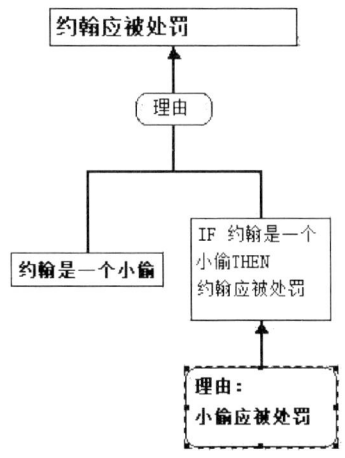

图 5.6　展开理由:有理由支持的辅助前提

Reason! Able 界面的一个有趣特征为复合理由可被收起和展开:当一个复合理由被收起时,仅该理由之主前提可见。收起复合理由将有助于记录最相关的命题。图 5.6 的复合理由以收起状态被呈现于图 5.7 中。一个反直觉的侧面效应为,当复合理由被收起时,支持辅助前提的理由看起来像是支持主前提的理由。例如,在该图中,命题"小偷应被处罚"不正确地显得像是命题"约翰是一个小偷"的理由。

---

〔7〕 Reason! Able 有一个针对分离规则论证的模板窗体。在该模板中,键入主前提 P 作为支持 Q 的理由则生成辅助前提"IF P THEN Q"。

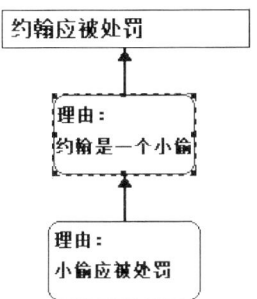

图 5.7 理由收起后，支持辅助前提的理由似乎为支持主前提的理由

在建构论证时，Reason! Able 可全程指导用户完成评价过程。评价起于论证的底部命题，它们没有理由或异议。用户可从以下 6 个值中为主结论和构成理由及异议的前提挑选其一：待评价、肯定假、概然假、无结论、概然真、肯定真。对于理由而言，用户可从以下 5 个值中挑选其一：待评价、无支持、弱支持、强支持、结论性支持。对于异议而言，用户可在与反对度相似的范围内挑选。可在以下一系列根据中指定底部命题——那些没有理由和异议的命题：常识、个人知识、专家意见、证言、适当的似真性、必然真、无根据之应用或待评价。

命题、理由和异议之评价完全留予用户，它们并不受系统所限制。给命题设置根据将产生缺省评价"概然真"（除去根据中的"无根据之应用"和"待评价"，其分别产生缺省值"无结论"和"待评价"）。但可以对缺省评价进行自由修改。例如，可将一个主结论评价为肯定假，即使它仅有一个被评价为提供结论性支持的理由。Reason! Able 的帮助文件将提供应遵从的指南，例如一有着单个结论性理由的命题应被评价为肯定真。

这里的一个重要分歧为 Reason! Able 怎样处理普洛克式底切。在 Reason! Able 的帮助文件中对此进行了讨论，它在推论异议主题下。其回答为，在 Reason！Able 中一个针对某推论的异议应被表示成针对某辅助前提的异议。图 5.8 表示了一个实例。请注意，收起该理由将有反直觉的效果，这使得针对辅助前提的异议看起来像是针对主前提的异议（参见对辅助前提理由的类似效果：图 5.6 和图 5.7）。

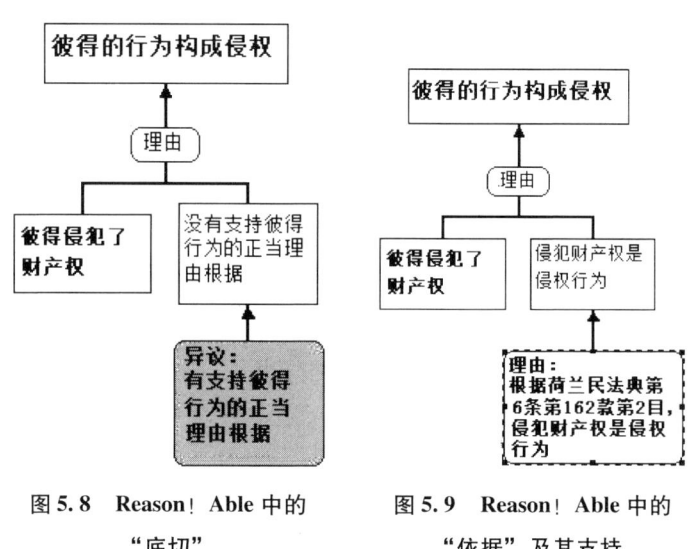

图 5.8　Reason！Able 中的"底切"

图 5.9　Reason！Able 中的"依据"及其支持

在 Reason！Able 的帮助文件中并未明确涉及图尔敏式依据，但从该实例来看依据被当作辅助前提处理。图 5.9 表示了一个被视为辅助前提的依据实例及其支持。

5.5　Room 5

Room 5（Loui et al.，1997）作为一个半形式化的公共互动法律论辩实验台而呈现。其样本可在网上获取（参见 < www. cs. wustl. edu/ ~ room5/ > ）。

第 5 章 论证助手与论证调停者之比较

命题的添加通过填写一个基于网络的窗体来完成。在添加命题时可引用权威。也可用命题的形式化版本注解命题。[8]可以攻击和支持命题。

在 Room 5 中，使用方框形象地表示论证中命题间的关系。图 5.10 表示了一个实例。添加命题"约翰偷了一张 CD"以支持命题"约翰应被处罚"。命题"约翰是初犯未成年人"作为一个反对约翰之可处罚性的攻击而被添加。每个命题在方框中表示。命题支持出现于该命题方框的方框内。命题方框的右边方框内表示攻击命题。

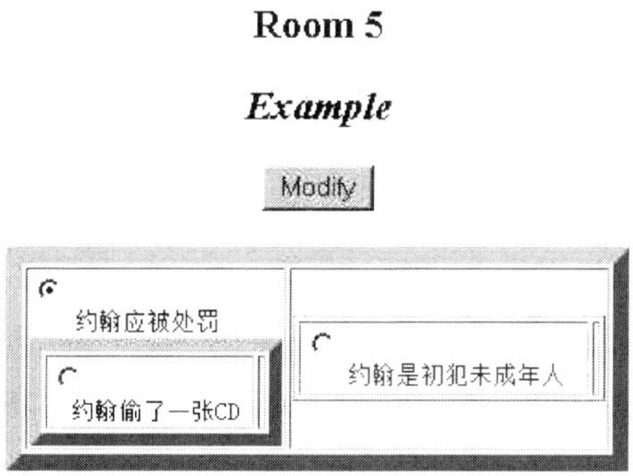

Room 5

Example

图 5.10　Room 5 中论证的方框表示

开发 Room 5 的论证方框表示是为了避免由箭头表示所引起的"意大利面式指针"。[9]

---

[8]　Room 5 偶尔生成形式语句。似乎形式语句主要意味着对系统用户做出的解释，而非作为 Room 5 能执行逻辑计算的表达式。路易等（Loui et al., 1997）并未对该形式体系及其作用做充分解释。

[9]　路易等（Loui et al., 1997, p.209）认为"当箭头同时有攻击和支持语义时，将特别容易引起混淆"。这种混淆在他们的图尔敏式实例中（n. ⅷ）出现，其确实由同类型箭头被用作攻击和支持这样一个事实引起。这种类型的混淆在使用不同类型箭头时不会出现。

5.6 Zeno 和 Hermes

Zeno 项目研究并实施了用于支持及调停在线讨论的系统（Gordon et al.，2001；另参见 < zeno. fhg. de > ）。Zeno 使用了里特尔的 IBIS（Rittel & Webber，1973）作为其基本论证模型。最初的计划是使用扩展版 IBIS 来作为 Zeno 的内核（即在 Gordon & Karacapilidis 1997 年论文中所描述的论辩框架），但这未被实施（Gordon et al.，1999）。现有的打算是建构 Zeno 的一个版本，使其有可修改的论证框架和话语模型。

卡拉卡帕里底斯与帕帕底亚斯（Karacapilidis & Papadias，2001）实施了 Hermes 系统，他们使用了戈登与卡拉卡帕里底斯（Gordon & Karacapilidis，1997）的 Zeno 框架之转化版作为其基本论证模型。这里的基本元素为争议、可替选择、立场和限制。争议（在图 5.11 的视窗实例中用"i"标记）是一个即将制定的决策或一个试图达成的目标。用户可以提出处理该争议的可替选择（标记为"a"）。用户可以就可替选择（或其他立场）摆明立场，要么支持它要么反对它（标记为"＋"和"－"）。限制旨在表示偏好关系。

可替选择、立场和限制被指派以激活标签，这由可应用的证明标准所决定。例如，当运用"微弱证据"证明标准时，一个立场如果有至少一个活动立场支持，则它是活动的。根据"排除合理怀疑"证明标准，一个立场如果没有活动立场反对，则它是活动的。Hermes 同时运用了"优势证据"标准，这涉及考虑限制的权衡机制。

第 5 章 论证助手与论证调停者之比较

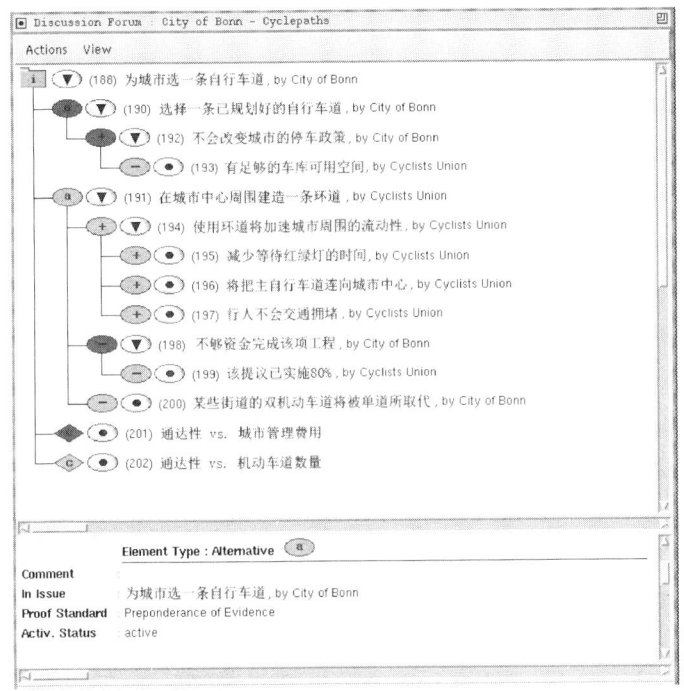

图 5.11 Hermes 系统的视窗样本

5.7 概况与比较

图表 5.1 中给出了本章所讨论系统的一个论证理论概况。它指出了何种命题被使用、哪些元素能被用于论辩信息构建、是否涉及依据和能否在论证中使用底切。

结果表明在所考虑的大多数程序中，至少区分了两类命题，大致对应于 ArguMed 中假定与争议的区别。

在图表所示的有些系统中，可使用支持与反对两种命题间的连接。有趣的是某些系统（Convince Me 和 Belvedere）使用了无向连接类型。

依据和底切没有或几乎未被涉足。一个可能的理由是，在论证中并不十分需要把依据和底切看作支持和攻击。在 Reason! Able 中可使用辅助前提处理依据和底切。然而这掩盖了依据和底切的特殊性质，即作为支持和反对命题间连接的理由。ArguMed 3.0 表明该性质能以直截的方式脱颖而出。

图表 5.2 提供了所讨论系统的一个功能性和界面概况。它指出论证可如何被评价、论辩材料如何直观化表示和用户如何与系统互动。

一些系统允许对论辩材料进行多种评价。在 Reason! Able 中评价由用户执行，且不受系统所限制。在 Zeno 和 Hermes 及两个 ArguMed 系统中，由系统自身执行评价。Argue! 同样执行自动的评价，但它的算法是逐步的：用户决定系统何时做出下一个评价性步骤。

图表 5.1　各系统之论证理论概况

系　　统	命题类型	结构元素	依　据	底　切
Belvedere	材料和假说	支持和反对连接，无连接（都为无向的）	无	无
Convince Me	证据和假说	解释和反驳连接（都为无向的）	无	无
KIE 的 Sense-Maker	主张框架和证据点	框　架	无	无
Reason! Able	命题、理由、异议、根据	理由和异议连接	以辅助前提的方式	以辅助前提的方式

第 5 章　论证助手与论证调停者之比较

续表

系　统	命题类型	结构元素	依　据	底　切
Room 5	命　题	横向和竖向排列的方框	权威注解	无
Zeno 和 Hermes	争议、可替选、立场（支持或反对）、限制	树层结构	无	无
Argue!	命　题	理由连接，击败关系	无	以击败关系的方式
ArguMed 2.0	假定和争议	理由和底切连接	有（包括底切依据）	有
ArguMed 3.0	假定和争议	支持和攻击连接	有	有

图表 5.2　各系统的功能性与界面概况

系　统	评　价	可视化	互　动
Belvedere	无	用户布置的方框与连接	模板窗体
Convince Me	数值约束满足算法	用户布置的方框与连接	模板窗体
KIE 的 SenseMaker	无	用户布置的嵌套方框	模板窗体
Reason! Able	无限制的用户输入	系统布置的方框与连接	鼠标敏感视窗（基于活动的）
Room 5	无	系统布置的嵌套方框	模板窗体
Zeno 和 Hermes	基于证明标准的算法	系统布置的树型结构	模板窗体
Argue!	可废止逻辑算法（逐步的）	用户布置的方框与连接	鼠标敏感视窗（基于结构的）

续表

系　　统	评　　价	可视化	互　动
ArguMed 2.0	可废止逻辑算法	系统布置的方框与连接	模板窗体
ArguMed 3.0	可废止逻辑算法	系统布置的方框与连接	鼠标敏感视窗（基于活动的）

在论辩材料的可视化样式上主要有两种类型：方框－连接样式，其使用了方框、直线和箭头（被大多数系统所使用）；嵌套方框样式，其中的论证层次用方框的内置方框表示（为 KIE 的 Sense-Maker 和 Room 5 所使用）。精心设计的实证研究可建立一种样式使其相对于其他论证表示而言更便于用户阅读。从设计角度出发，方框－连接样式似乎比嵌套方框样式拥有更多的变化，因而具备更丰富的表示。

在某些系统中，论辩材料由系统布置，而其他则由用户布置。它们各自有优缺点。系统布置的优点为信息一致有序，然而添加新信息可导致非预期的重新布置，这是从语句可能跳至视窗中某个非常尴尬的位置这个意义来说的。用户布置的优点为由用户把握控制感：将不会遗漏信息。该优点是否压过其有着较少一致布置这个不足在很大程度上取决于场景。可以预期的是一个兼备系统布置与用户布置的灵活系统将最大限度地满足用户。

两种互动类型可被区分：使用模板窗体互动，即可由用户来填写窗体；使用鼠标敏感视窗互动。一般而言模板窗体是用户友好的。然而模板有一个不足，即对于用户而言，让他们把视窗上所呈现的视图与在模板上所填写的材料联系起来并不总是容易的。而在这方面鼠标敏感视窗有明显的优势：用户通过与之进行直接互动来

第 5 章　论证助手与论证调停者之比较

修改视窗上的材料。

可用两种方式对使用鼠标敏感视窗互动进行设计：关注图形结构或关注论证活动。例如，Argue！系统的互动关注于图形结构。用户可直接在视窗上"绘制"命题方框、箭头和击败关系。通过点击按键决定图形模式，即决定绘制的是否为命题方框、箭头或击败关系。与之不同，ArguMed 3.0 关注于论证活动，诸如添加命题或提供支持此类活动。例如，当用户点击一个命题时，他可直接为该命题提供支持。因此，操作 Argue！与操作 ArguMed 3.0 有着完全不同的体验。后者比前者给人的感觉更加自然。对这种效果的解释可能为关注论证活动的互动比关注图形元素的互动更贴近用户的操作：他并非在绘制图形的表示，而是在从事论证。这提示我们互动的设计应该关注于论证活动而非图形元素。

94

第 6 章 可废止论证理论

一般论证者承认对其大多数论证而言，可以想象它们被成功攻击之情形。附加信息似乎可导致被证成的结论被撤回，很多人认为这是可能的。换而言之，论证通常被看作是可废止的。

从理论观点来看，可废止论证这个主题（另参见第1.2节）被证明是众所周知的难题。已有大量研究精力花费于可废止论证上，尤其在人工智能领域［其中许多相关工作是在非单调逻辑名目下开展的；参见加贝（Gabbay）等人1994年编著的手册］及其子领域人工智能与法（参见 Prakken，1993，1997；Hage，1997；《人工智能与法》专刊，2000，Nos. 2~3）。由于这项工作大部分在本质上是高技术性的，有关见解并未在论证理论领域充分蔓延。幸而存在一种交叉渗透的趋势，尤其是可废止论证与论辩对话的联系，已长期成为论辩理论方法的重点［参见范爱默伦与格罗顿道斯特（Van Eemeren and Grootendorst）的语用论辩术，1981，1987；沃尔顿（Walton）的新论辩术，1998；另参见沃尔顿与克拉贝（Walton & Krabbe，1995）］。哈特（Hart）在20世纪40年代引入"可废止性"这项术语（参见 Loui，1995）。在图尔敏（Toulmin，1958）和雷斯切（Rescher，1977）的工作中可找到许多持续激发研究者的关于可废止论证方面的洞见。近期不错的概况有普拉肯与弗雷斯维克（Prakken & Vreeswijk，2002）和彻斯内瓦尔等人（Chesnevar *et*

第 6 章 可废止论证理论

al.，2000）的工作。

本章对全书所呈现的支撑论证助手的论证理论与选出的现有可废止论证理论进行了简单比较。设定了这些理论的知识。该章由维赫雅（Verheij，1999a，2000a）进行扩展讨论。各小节将以可废止论证理论的一个简略概况为开始，而后对其如何处理关涉支持与反对的论争、关涉依据的论争、论证评价和理论构建（参见第 1.2 节列出的 4 个关注点）进行讨论。

6.1 图尔敏的论证图式[1]

史蒂芬·图尔敏在其《论证的运用》一书中讨论到，传统形式逻辑仅区分了前提和结论，需要用一种比之更丰富的形式来分析论证。他提出了一种图式，除**证据材料**和**主张**外，还区分了**依据、支持、反驳**和**限定量词**。

作为一个示例，图尔敏对"哈利是一位英国国民"这个主张进行讨论。该主张可被证据材料"哈利出生于百慕大"所支持。证据材料与主张间的根本联系由依据"一个出生于百慕大的人通常为一位英国国民"所表示。而反过来，"有某些成文法和其他法律条款使之生效"这个支持可对该依据提供支援。此依据没有完全证成效力，因此必须对主张"哈利是一位英国国民"进行限定：它大概能被推出。除此以外，还存在可能的反驳，例如他的父母都是外国人或他已入籍美国。

参照图式，其结论可有如下表示（Toulmin，1958，p.105）。

---

[1] 当前章节包含的材料来自 Verheij，1999a，2001a.

虚拟论证
——论法律人及其他论证者的论证助手设计

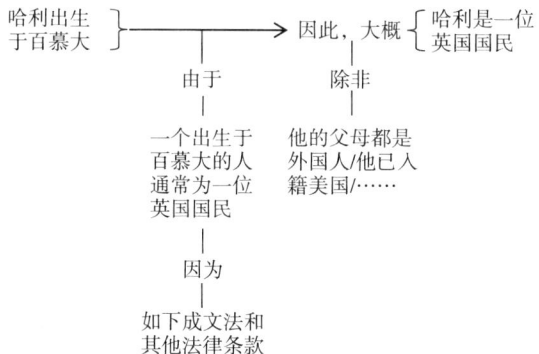

图尔敏的论证图式对论证研究者产生了持续的影响（如参见 Van Eemeren et al., 1996, pp. 129 – 160；Bench – Capon, 1997）。它的一般形式如下所示（Toulmin, 1958, p. 104）：

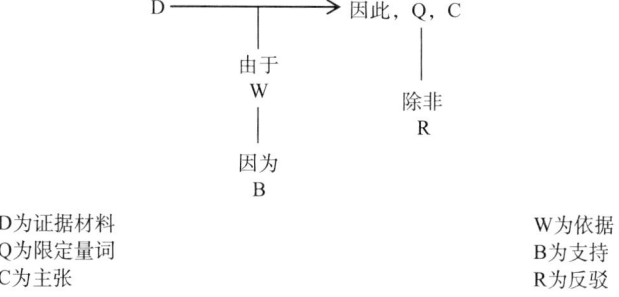

D 为证据材料　　　　　　　　　　　　W 为依据
Q 为限定量词　　　　　　　　　　　　B 为支持
C 为主张　　　　　　　　　　　　　　R 为反驳

证据材料由支持该主张的一定事实所构成。依据是一个推论凭证（inference licence），证据材料根据它来主张，而支持反过来给依据提供支援。反驳则给论证提供例外条件，而限定量词能表示通过依据证据材料给予主张的强度。

对于我们所说的四个论证理论关注点图尔敏有何讨论？图尔敏图式提到了其中的两点：关涉支持与反对的论争和关涉依据的论争。另外两点，即论证评价和理论构建未在图尔敏（Toulmin,

1958）讨论范围之内。

6.1.1 关涉支持与反对的论争

图式中反驳元素的引入明确地承认了论争不仅关涉支持，同时还涉及反对。图尔敏几乎没有详尽阐述反驳的本质。一方面，他称反驳能"表示依据之普遍权威性被搁置的情景"（p. 101）。但反驳同时也是（且对图尔敏来说似乎是等价的）"能够击败或反驳有依据之结论的例外情景"（p. 101）。似乎对图尔敏而言这两个概念都为反驳。然而，前个措辞使反驳成为一类底切理由（参见，Pollock，1987）[2]，而后个措辞使它们成为反对结论的理由。两者是不同的概念。让我们看看反驳的两种解释。

如果将图尔敏图式中的反驳 R 设想为一个反对主张 C 的理由（为方便起见，在这省略了限定量词 Q），则在理由之间存在一个冲突：同时有一个支持 C 的理由，即证据材料 D，和反对它的理由，即为 R。在对此情形的一种自然解释中，反驳是一个支持 C 之否定的理由。因而为了确定是否能推出 C，在某种程度上必须确定两个理由中哪个更重要：某个理由胜过另一个吗？某个理由有优先性吗？那么当然可能出现以下情形：R 是一个更好的理由，并且因此不能推出 C，而是其否定被推导出来。

如果反驳 R 为一个底切理由，则分析截然不同。此时反驳 R 是一个反对 D 成为 C 之原因的理由。从而 R 阻断了 D 与 C 之间的连接，而使得其他方面不再作为相关理由支持或反对 C。如果 R 是一个底切理由，则不存在关于主张 C 的理由冲突。当 R 的作用生效时，所能得到的是 D 不能证成 C。因此，C 不能被推出（且其否定也不能被推出）。

---

[2] 他称之为底切击败理由而非底切理由。

6.1.2 关涉依据的论争

关涉依据的论争处于图尔敏（Toulmin，1958）工作的中心位置。他的一个主要观点是论证依据（从一般推论凭证的意义上来说）可能为争议，而依据的支持能随着领域的不同而变化。图尔敏的依据是对为何证据材料与主张被连接起来这个问题的回答，或用图尔敏的话来说，是对问题"你如何达到那里？"的回答（p. 97f.）。然而有趣的是，他的依据仅涉及证据材料与主张之间的连接。令人惊讶的是，他并不讨论反驳作用对依据的相同需求。但有一点很清晰，即对于事实上某反驳是否是一个反对该主张的理由仍可能有争议。同样可能成为争议的是一个反驳是否为底切理由。例如，在荷兰法中，缺乏罪责不能排除某人的行为构成侵权这样一个事实。尽管缺乏罪责被用作反论证，但它是有待论证反对的"反驳依据"。这种"反驳依据"给问题"如何使我们远离那里"提供了一个答案。一个主张并非能被任何命题所支持，与之类似并非任何命题可充当反驳。正如依据应该展示的是命题对主张的支持，依据（有着反驳依据之类型，图尔敏并未讨论）也应该展示命题对主张的反驳。

换而言之，图尔敏仅区别了支持依据，而对于攻击依据也有同样的需求。在法律中，如果某人意识到不仅规则需要支持，如引证成文法条，而且例外同样需要支持，则对支持依据和攻击依据的需求变得同样明显。例如，《荷兰民法典》第 6 条第 162 款第 2 目（其说的是，除其他事项外，侵犯财产权是侵权行为，除非有正当理由根据）为支持依据提供了一个支持，即"侵犯财产权是侵权行为"，并为攻击依据提供了一个支持，即"正当理由根据能导致侵犯财产权不是侵权行为"。

6.1.3 论证评价

图尔敏没有对论证评价进行讨论。他仅讨论了论证的**结构**（根据不同种类论证元素之作用）。换句话说，他没有提供类似逻辑**有效性**的东西来作为论证的评价标准。当然这也并非他的关注点。

关于他为何没有注意到论证评价的讨论将是十分有趣的。也许图尔敏并不认为评价对于他在论证结构上的扩展观点有意义。

然而反驳对于论证评价有明显作用。显然，如果（实际上）有一个反驳，那么对论证进行评价应该与没有反驳时不同。使用之前的图尔敏实例，该实例取决于哈利的父母是否为外国人这个事实、证据材料"哈利在百慕大出生"是否证成主张"哈利是一位英国国民"。假设哈利的父母是外国人，则证据材料不证成该主张，而假设他们不是外国人，正常情况下该证据材料将证成该主张（除非有另一反驳，诸如"哈利已入籍美国"这样一个事实）。正如所说的，也许图尔敏不认为有一个类似于逻辑有效性的评价标准。近期关于可废止论证评价的成果则展示了其他的方面。维赫雅（Verheij，2001a）将支撑 ArguMed 3.0（第 4 章）的论证理论应用于图尔敏图式，并且提供了一种基于该图式的方法以此评价论证。

6.1.4 理论构建

图尔敏没有对理论构建进行讨论。这一点并不令人惊讶，因为他没有将他的论证理论置于程序性语境中。

6.2 瑞特的缺省推理逻辑

下面有必要讨论一下瑞特（Reiter，1980，1987）的缺省推理逻辑，因为该理论被认为先于可废止论证理论而存在。

在瑞特的形式体系中，缺省是一个表达式 $\alpha : M \beta_1, \cdots, M \beta_m / \gamma$，其中 $\alpha, \beta_1, \cdots, \beta_m$ 和 γ 为一阶语句。语句 α 为缺省的先决条件，语句 β_i 为它的证成理由并且语句 γ 为它的后承。直觉上来说，当缺省的先决条件成立并且其证成理由能被一致地假设时，则推出缺省的后承。瑞特在他的缺省理论之扩充定义中详尽形式化了这种直觉。

瑞特的缺省理论与支撑本书所呈系统之论证理论的一般区别为，前者使用了包含变量和量词的一阶语言，而后者的语言仅使用了语句联结词。

关于我们所说论证理论的四个关注点，瑞特的工作与其中的关涉支持与反对的论争和论证评价特别相关。

6.2.1 关涉支持与反对的论争

瑞特的缺省逻辑与关涉支持与反对的论争有着天然联系。在缺省逻辑中表示支持与反对的一个方式是使用所谓的正规缺省，即那些仅将缺省后承作为证成理由的缺省。例如，假设 α 是一个支持 γ 的理由，并且 β 是一个反对它的理由。那么可用正规缺省 $\alpha : M \gamma / \gamma$ 和 $\beta : M \neg \gamma / \neg \gamma$（其中 $\neg$ 表示标准否定）对此进行表示。根据瑞特的定义，该情形是不甚清晰的：给定 α 和 β 及两缺省，则存在两个扩充。在其中任一扩充中都仅应用一个缺省。通过应用第一个缺省得到一个包含 γ 的扩充，通过应用第二个缺省得到另一个包含 $\neg \gamma$ 的扩充。在某种意义上来说，任何一个扩充表示之情形都是某个理由比另一理由更强。一个怀疑的推理者将既不接受 γ 也不接受 $\neg \gamma$，因为它们都未同时出现于两个扩充中，一个轻率的推理者将同时接受两者，因为它们有出现在某一扩充之中。

在当时，瑞特认为"所有自然出现的缺省都能以这种形式表示"（Reiter, 1987, p.75）。但瑞特和克里斯库奥洛（Reiter &

Criscuolo，1981，1987）已然注意到从表示视角来看，仅有正规缺省还不够。同时还需要所谓的半正规缺省，这种缺省的后承为其中一证成理由。例如，需要用半正规缺省来表示底切理由（以普洛克1987年论文中之说法）。例如，假设γ是一个用于阻止α成为β之理由的底切理由，这可表示为$\alpha : M \beta, M \neg\gamma / \beta$。给定该缺省和$\alpha$，而不给定$\gamma$，则存在一个包含$\beta$的扩充。该缺省被应用，因为它的证成理由$\beta$和$\neg\gamma$能同时被一致地假设。给定该缺省和$\alpha$与$\gamma$，同样存在一个扩充，但它不包含$\beta$。该缺省不被应用，因为它的证成理由$\neg\gamma$不能被应用。此表示的缺陷是它未分开表示理由和底切：α，β和γ之间的关系必须被表示于同一缺省之中。

普拉肯（Prakken，1993，1997）对法律语境中瑞特的缺省逻辑之表示可能性进行了扩充的讨论。（另参见 Verheij，1996a，第4章。）

6.2.2 关涉依据的论争

在瑞特的缺省逻辑中表示关涉依据的论争并不容易。之所以这样是因为缺省为依据表示的天然候选人，它本身不能是有争议的。缺省仅能被假设，而不能由其他假设推出它们。因此，比如在法律设定中通过给法规落实之处提供成文法条，这种涉及依据支持的普通实例在瑞特的缺省逻辑中则没有自然的表示。

6.2.3 论证评价

由于瑞特的形式体系没有一个论证的明确概念，因而没有直接讨论论证评价。不过论证评价有一个重要作用，即能决定由给定假设推出哪些结论。在瑞特的缺省逻辑中，缺省理论的扩充概念起到这种作用：扩充指定缺省理论的结论集。

一个恶名昭著的扩充性质为，缺省理论并非总有唯一扩充。也有不存在扩充或有多个扩充的可能。

对没有唯一扩充的一种应对是,根据其扩充定义缺省理论的唯一结论集。可通过取缺省理论扩充集的并集或交集来定义轻率结论集和怀疑结论集。此轻率与怀疑方法的一个缺点是,通常扩充集的并集和交集其自身并非是一个扩充。而扩充有着强烈的内部融贯性,为何某些缺省能被应用而其他则不能这一点在扩充中表现得十分清晰,而一般在所有扩充之并集或交集中却并非如此。本着这点来看,似乎将一个缺省理论的每个扩充(如果存在的话)看作该缺省的若干可能结论集之一更加恰当。也许在标准逻辑情景下这能被简单的认可,在标准逻辑中关注结论的唯一集完全合理,而这从本质上区别于可废止逻辑,在可废止逻辑中某些理论没有扩充或没有唯一扩充是完全合理的。

6.2.4 理论构建

瑞特的缺省逻辑没有讨论理论构建这个主题(Reiter, 1980, 1987),因为该理论并非在程序性语境中所呈现(尽管瑞特对信念修正进行了某些关注)。

6.3 普洛克的反驳击败理由和底切击败理由

普洛克(Pollock, 1987, 1995)的可废止推理理论有着重要的影响。他在制定智能主体的语境中呈现了该理论(作为他1995年书中副标题所展示:"如何建构个体之蓝图")。他的工作有着很强的哲学定向。然而由于普洛克意图建构计算机程序,并事实上在其OSCAR架构(参见 < www. u. arizona. edu/ ~ pollock/oscar. html >)中如此进行,因而他的理论总是伴随着构想的操作考量而产生。在其1995年书中,他不仅讨论了可废止推理的结构,而且还讨论了认识的认知和计划的制定。普洛克 1995 年之书就其所致力的主题范围和所深入的哲学讨论来看都是一个典范。

普洛克的工作探讨了当前研究的三个论证理论关注点：关涉支持与反对的论争、论证评价和理论构建。关涉依据的论争似乎未在普洛克的讨论范围之内。

6.3.1 关涉支持与反对的论争

或许普洛克的工作最有影响的方面是他对反驳击败理由和底切击败理由的区分：

> "有两种重要的不同击败理由类型。其中 P 为一个支持 Q 的初步证成理由，R 为一个**反驳击败理由**当且仅当 R 是一个否定 Q 的理由。……底切击败理由攻击的是理由与结论间的连接，而非直接对结论进行攻击。"
>
> （Pollock，1995，pp. 40 - 41；另参见 pp. 85 - 86）

根据普洛克所言，反驳击败理由如它们在实际中所出现的那样，总是与底切击败理由有联系。

普洛克的推论图概念关联于 ArguMed 的论辩性论证。然而普洛克并不是从命题出发来构建其图表的，而是从所谓的相继式出发，即前提与结论的序对。[3]

普洛克选择把反驳击败理由和底切击败理由看作不同概念来处理，尽管它们看起来像是某个共同抽象击败理由概念的实例。普洛克的关于推论图中结点之底切击败理由作用和反驳击败理由作用的定义已经点出了此方向（Pollock 1995，p. 93）：将反驳和底切的不

---

〔3〕 相继式是一个序对（S, φ），其中 S 为一个语句集，且 ψ 是一个语句。相继式（S, φ）表示 φ 由 S 所推出。

同作用结合成一个名为击败的作用。

因此似乎值得找寻一个击败理由（defeater）的概念同时涵括反驳击败理由和底切击败理由。维赫雅的 CumulA（Verheij，1996a，第 5 章）提供了这个方向上的一种尝试，产生了其他类型的击败关系（defeater）*（参见第 6.7 节）。另一种统一击败种类的方式为支撑 ArguMed 3.0 的论证理论。其关键理念是对命题的击败进行明确表示，包括对条件命题的击败。当 R 对 P 作为 Q 之理由进行底切时，命题间的关系可表示为 $R \rightsquigarrow \times (P \rightsquigarrow Q)$，其中×表示击败（参见关于 DefLog 的第 4.1.4 节）。有趣的是，普洛克对 "P 不应为真，除非 Q 是真的" 形式的表达式进行了讨论，将其表示为 $\lceil P >> Q \rceil$，此外并将底切击败理由看作否定此种 $\lceil P >> Q \rceil$ 的理由，但未对命题击败表达式的引入步骤进行概括（并因而简化）。

普洛克对使用数权衡量理由强度进行了讨论。在此呈现的研究不对这个主题进行讨论。

6.3.2 关涉依据的论争

普洛克并未探讨处于争议中的关涉依据之论争。他对推论规则的讨论（Pollock，1995，pp. 89 – 90）揭示了他把依据（从图尔敏 1958 年论文中的一般凭证意义上来说）看作是给定的无争议假定。他给出的实例受到标准逻辑之自然演绎规则的直接启发（如参见 Van Dalen，1983 或 Gamut，1991），且对于大多数目的而言，这些规则确实能保持无争议状态。然而，这些规则偶尔还是能变为讨论的主题：尤其是否定和实质蕴含逻辑规则已引起来逻辑与数学哲学家们的广泛讨论。

---

* 在普洛克看来，"defeater" 是一种击败理由，而在维赫雅的 CumulA 模型中，"defeater" 指代的是一种击败关系。——译者注

在关于依据的一个更宽广视角中，它们能被置于争议位置。例如，某特定规则是否是一个法律规则常常成为讨论的对象。

正如前所说，普洛克讨论了"P 不应为真，除非 Q 是真的"形式的表达式。这些表达式似乎关联于依据实例。然而，这些表达式看起来仅用于刻画底切击败理由：击败理由为一个否定此种表达式的理由。普洛克的意图是否是允许给这些表达式提供理由，这一点并不清晰。

6.3.3 论证评价

前面已提到普洛克的推论图。它们关联于 ArguMed 的论辩性论证。普洛克的推论图由能表示前提与结论的结点[4]、表示从一结点到另一结点之推论的支持连接和表示对推论进行阻断的击败理由所组成。请注意在普洛克的理论中，击败理由能阻断一个到结点的推论，但不能直接对结点进行攻击。如果一个结点被击败，这事实上意味着对该结点的推导被阻断。这假设了可废止推理的两个层次（另参见普拉肯在 1997 年论文中对论证层次的讨论）：在第一层中有连接命题（或相继式）的推论链，而在第二层中有能阻断第一层推论的击败关系。这种双层本质在普洛克对单调推理机的讨论上也有所反映，可废止推理机就是在此之上建构的（参见 Pollock，1995，第 4 章）。[5]

这种双层本质与 ArguMed 的论证理论形成对比。在 ArguMed 中，支持和攻击出现在同一层面：支持和攻击都与命题相连接，且被击败的不是推论，而是命题本身。那些在普洛克理论中被看作是

---

〔4〕 正如前所说，结点为相继式。请参见注释 3。
〔5〕 也可争论说普洛克的理论实际上由三个层次构成。第一个包含相继式（请参见注释 3），第二个为从一相继式到另一相继式的推论，而第三个是这种推论的击败理由。

对推论的击败，其在支撑 ArguMed 的理论中被看作是对条件命题的击败。在 ArguMed 中，可用逻辑语言表示击败（根据论辩否定）。

对推论图的评价是通过计算其中结点之击败状态来完成的。这里的某些根本直觉与 ArguMed 的论辩性论证评价是类似的。例如，未被攻击且有未被攻击之祖先的结点（所谓的 D - 初始结点）为未被击败的。普洛克对未被击败结点和被击败结点进行了区分。结点能被彻底地击败，或它们能暂时地被击败。普洛克讨论了一系列可能的定义（Pollock，1995，pp. 110，114，118，120 - 124）。他阐述了评价功能的若干限制，并进而在一些场景下对它们进行了修改。例如，他在对自我击败结点应被彻底地击败而非仅是暂时地被击败进行讨论后，修改了此定义。

或许作为普洛克通过研究实例逐步改变其定义之策略的结果，所产生的评价功能并非十分显然。然而这种改变由问题"在其他相关研究文献中也遇到过吗？"所引导。普洛克做出了许多有趣的观察并对他所论之现象进行了不同方式的展示。

普洛克考虑到由给定输入来决定推论图不能在推理开始之初完全行之有效这种可能性，认为应该对其进行逐步计算。而由于推理涉及可废止推论，当推论图被扩充时对结点的评价可能发生改变。

因此普洛克对推论图中结点之评价的两类限定情形进行了讨论：**依据 δ 度**和**理想依据**（Pollock，1995，p. 132f.）。假如 G_0，G_1，G_2，……是推理期间被计算的部分推理图之序列，则称结论是依据δ度的，如果从 G_δ 往上对应该结论的结点被评价为被证成的。结论是有理想依据的，如果对应该结论的结点在所有 G_i 的并集中被评价为被证成的。普洛克表示这两个概念并不重合。

第 6 章 可废止论证理论

6.3.4 理论构建

普洛克希望建构一个能实际进行推理的系统。因此，他没有停止寻找提供一种可废止推理结构的理论（Pollock，1995，第 3 章），并持续对认识的认知进行了讨论（Pollock，1995，第 4 章）。[6]

普洛克提出了一个在给定信念下人工推理机能如何设法解决争议的模型。一种直截方法是确定源自某人信念的所有结论（参见普洛克的可废止推理理论）并进而对争议解答得怎样进行检验。然而实践中沿袭此路线的方法并不可行。一般说来，搜索空间过于庞大，并且经常是无限的。

为了管理计算复杂性问题，普洛克提出一种双向推理机制以此从给定信念出发来解决争议。该理念大致是通过同时从给定信念向前推理和从争议向后推理使得争议能在给定某些信念的情形下被解决。在他的这个理念之操作过程中，普洛克假设推论规则有可分类成为前向推理和后向推理的倾向（Pollock，1995，p. 155）。例如，根据普洛克所说，分离规则（从 φ 和 $\varphi \rightarrow \psi$，推出 ψ）应提供前向理由，而 ∧ - 引入规则（从 φ 和 ψ，推导 $\varphi \wedge \psi$）[7] 应提供后向理由。[8]

普洛克试图管理他系统中逻辑证明的计算复杂性这一点是值得称颂的。然而他提出的用前向和后向规则来分类推论规则并不能有效的运作，因为当某些推论规则的使用仅限于前向推理或后向推理时，可能出现的情形是，与没有限制相比可做出的推导更少，这一点很容易证明。换句话说，普洛克的分类有一个非需要的侧面效

---

〔6〕 普洛克也对主体能如何设法找寻系列行动来实现其目标进行了讨论（在第 5 章对基于计划的实践推理进行了讨论），但这超出了本书的讨论范围。
〔7〕 在普洛克的著作中称 ∧ - 引入规则为"合取"。
〔8〕 但请注意普洛克是根据相继式来阐述推论规则的。

应,即不能构建所有的推导。

在一个简单实例中已然能看到这点。假设给定 p、q 和 p ∧q ⤳ r,并且 r 是一个待解决的争议。显然 r 是通过先应用 ∧ – 引入规则而后应用分离规则由 p、q 和 p ∧q ⤳ r 所推出。如果分离规则仅提供前向理由并且 ∧ – 引入规则仅提供后向理由(根据普洛克找寻似真性时对这些规则的归类),则不可能对由基于这两个规则之假设以推出结论 r 进行表示:根据分离规则和 ∧ – 引入规则,使用 p、q 和 p ∧q ⤳ r 对 r 的证明进行计算时将不得不由向后应用分离规则或向前应用 ∧ – 引入规则开始。因此,从 p、q 和 p ∧q ⤳ r 得出 r 的两步推导在没有违反普洛克之推论规则分类的情形下是不能被构建的。

一般说来,所有推论规则能作为推导中的第一个规则或最后一个规则出现。当推论规则为推导中第一个规则时,对推导的计算要求该规则能被前向地应用;而当推论规则为推导中最后一个规则时,应能后向地应用它。通过限制推论规则的使用,普洛克不仅避免了推导中类似 p, p ∧p, p ∧p ∧p,……这种通常为冗余的绕路,而且完美地进行了一般推导。

在普洛克的架构中,可用推论队列来控制推理过程。在推理过程的任意阶段,推论队列包含可做出的推论。队列元素的顺序取决于预定义偏好,比如根据所涉语句的复杂性:用简单语句推理先于用复杂语句推理。

普洛克的 OSCAR 架构之推理机制并非旨在提供一个理论构建模型。普洛克关注的推理有着试图确定一个固定假定集是否能(可废止地)解决一个固定争议集之目标。与其不同的是理论构建中的假定和争议能被添加或移除,并且假定能变为争议,反之亦然。理论构建不仅是一个在给定假定基础上解决给定争议的事情,也是一个找寻正确假定和争议的事情。

例如，当后向理由能被用于给初始假定命题提供理由时（因而假定变为一个争议）将刻画理论建构。在普洛克系统中，后向理由仅被用于通过理由支持以取代争议，这在给定假定的情况下更容易建立。

6.4 弗雷斯维克的抽象论证系统

在弗雷斯维克（Vreeswijk，1993，1997）的可废止论证工作中，论证击败由它们所涉之冲突和其结论强度所决定。弗雷斯维克通过把它们看作一个特定抽象论证系统的给定之物，将之从基本语言和结论强度关系中抽象出来。

6.4.1 关涉支持与反对的论争

在弗雷斯维克的工作中，论证是从给定的推论规则集出发构建的，这些规则要么是严格的要么是可废止的。通过从属结构，而非协同结构来构建论证：论证中的语句不能通过应用若干推论规则来立刻得到支持。

当使用可废止推论规则构建论证时，论证是可废止的。弗雷斯维克使用了一种抽象的、几乎松散的语言，该语言有一个特殊语句⊥用于表示矛盾。矛盾指出哪些论证是不相容的：一个论证集是不相容的，如果它们的结论产生矛盾。当论证与其他论证不相容时，它们能变为被击败的。在弗雷斯维克的论证理论中，从支持和反对结论的理由这个意义上来说，没有直接表示支持与反对。从论证不能同时包含支持和攻击理由这个意义上来说，论证不是论辩性的。

6.4.2 关涉依据的论争

由于弗雷斯维克使用了一种抽象松散的语言，因此没有明确对依据进行建模。推论规则被看作是给定的。从而它们仅能用于构建论证，而不能被导出。

在附录中，弗雷斯维克（Vreeswijk，1997，p. 274f.）根据条件讨论了普洛克的反驳击败理由和底切击败理由。

6.4.3 论证评价

弗雷斯维克使用的击败机制区别于本书提出的系统所使用的机制。Argue! 和 ArguMed 都有确定击败的反论证概念：其理念是如果一个论证有奏效的反论证，则该论证被击败。

在弗雷斯维克的抽象论证系统中，对论证的击败并不由反论证直接产生，而是由不一致性联合结论强度所产生。[9]弗雷斯维克论证理论的出发点为，如果有可废止论证存在冲突结论，则其中某个论证一定被击败。[10]因此，当两个可废止论证有相反结论时（并且不知道它们的结论强度），存在两种可能：要么第一个论证被击败而另一个则否，要么反过来。因而一般来说，可废止论证的冲突产生一种含混的情形，其有着多个可能的选择。

当有关于冲突论证的结论强度信息时，选择的数量将被限制。这个理念是指如果冲突所涉的一个论证比冲突中另一论证有更强的结论强度时，强论证不是被击败的那个。因此，在两个冲突的可废止论证中，如果某个比另一个更强，则含混性得以解决：弱论证被击败而强论证则否。

---

[9] 换句话说，弗雷斯维克的论证理论使用了不一致触发击败而非反论证触发击败。参见两种击败之间的区别（Verheij，1996a，pp. 164 – 165）。

[10] 弗雷斯维克使用某种不同的术语。弗雷斯维克理论的关键定义是关于论证系统的基础集之扩充（Vreeswijk，1997，p. 249）。一般而言，扩充不需要包含基于基础集的所有论证。自然的做法是把这些论证称作被击败的论证。请注意不同的扩充产生不同的被击败论证集。

弗雷斯维克的理论假设了可废止推理的两个层次［另参见中白肯（Prakken，1997）对论证层次的讨论］。第一层涉及论证构建，第二层涉及击败。因而论证本身仅表示命题间的支持关系。命题间不存在攻击关系。

6.4.4 理论构建

弗雷斯维克没有就找寻正确前提和解决争议这个过程来讨论理论构建。弗雷斯维克的理论假设了一个固定前提集，并且所有论证都基于该集合。没有争议之概念。有一个根据论证序列扩充构建的讨论。这种序列由基本论证步骤构成。在这样一个步骤中，最多可添加一个论证和删除多个论证。根据弗雷斯维克所说，论证序列能在一定情形下产生扩充构建。

6.5 普拉肯与沙托尔的获胜策略

普拉肯与沙托尔（Prakken & Sartor，1996）为冲突论证的评价提供了一个形式框架。这受到法律领域的推理所启发。

6.5.1 关涉支持与反对的论争

他们将论证建模成规则序列。规则以两种形式出现：可废止规则和严格规则。就形式而言，规则类似于逻辑编程中出现的规则。而规则各有名字以此能对它们进行指称。以下为一个典型实例（Prakken & Sartor，1996，p.340）：

r_1: ~x 是未成年人 $\Rightarrow x$ 有法律行事能力

该规则被命名为 r_1，表示某人具有法律行事能力，除非能证明他是未成年人。这里的否定被称为弱否定：只要**没有证据显示** x 是未成年人就能满足这条规则的前件。弱否定语句区别于与之对应的强否定语句（表示为¬x 是未成年人），其表达的是 x **并非**是未成年人。

弱否定产生了一种如下的方式，使得其中之论证能在普拉肯与沙托尔的理论中被击败。应用一个前件包含弱否定语句的规则取决于缺乏证据之假定。提出相反证据，例如在此实例中提出 x 是成年人，则反驳了该假定。换句话说，这样一个对应某结论的论证，反对了所有基于包含此结论的弱否定之规则应用的论证。在这类击败中，论证的某个假定被攻击。

第二种击败方式出现于两个论证有相反结论时。在此情形下，规则优先性被用于比较冲突中的论证。在他们的"形式系统Ⅱ"中（p. 352f.），普拉肯与沙托尔讨论了涉及规则优先性的推理。规则的名称被用于规则优先性命题的表示。

在普拉肯与沙托尔（Prakken & Sartor, 1996）的理论中，论证（从推导的意义来说）仅能作为整体被击败。攻击不能致使个别命题被击败。

6.5.2 关涉依据的论争

普拉肯与沙托尔（Prakken & Sartor, 1996）的理论规则可包含变量，并且从一般支持凭证的意义来看，其本身能被看作是依据。支持凭证依据和攻击凭证依据之间不存在明显区别，而且不存在排除依据。不能将攻击关系表示为语句，因此攻击关系不是论证的一个可能主题。或有的优先性信息决定实际可用的攻击关系，从这个意义上来说，论证间的攻击取决于输入信息。

普拉肯与沙托尔的规则以一种重要的方式区别于图尔敏的依据：不明显的是如何表示对规则的支持。这里的问题是规则被固定于输入信息上，并且它们不能嵌套。因此不能给规则提供理由，而考虑支持是一种自然的做法。图尔敏没有对反对依据的理由进行讨论，类似地在普拉肯与沙托尔的理论中也不能直接得到。

普拉肯与沙托尔对扩充其理论基本语言的不同方式进行了讨论，目的是为了表示刻画法律推理的论证，诸如关涉规则适应性的推理。

6.5.3 论证评价

在普拉肯与沙托尔（Prakken & Sartor，1996）的理论中，论证评价是根据对话博弈中的获胜策略来确定的。该理念为如果命题提出者能成功地进行辩护以此对抗反对者之论证，则该命题被证成。

普拉肯与沙托尔从不同层次处理了论证构建和论证击败。因此论证仅包含支持关系，而不包含攻击关系。

6.5.4 理论构建

普拉肯和沙托尔（Prakken & Sartor，1996）的理论没有探讨理论构建。尽管该理论是基于对话的，但它并不意图建模实际对话以使得其中的争议通过寻求正确前提来解决。对话仅被用于定义哪些命题在给定输入信息下被证成。普拉肯和沙托尔认为他们的理论是一种"陈述性"、"关联性"的建模法律论证之方法，是对"程序性"方法的补充（参见 Prakken & Sartor，1996）。

6.6 董番明的论证可达集

通过关注论证间的攻击关系而完全不考虑论证结构，董番明（Dung，1993，1995）[11]的工作提出了一个先前成果的重要的抽象

---

[11] 邦达伦科、董番明、科瓦尔斯基与托尼（Bondarenko, Dung, Kowalski & Toni, 1997）提出了一个在形式上与董番明的理论（Dung, 1993, 1995）密切相关的理论，但其中的论证更有组织。科瓦尔斯基与托尼（Kowalski & Toni, 1996）提出了法律推理的应用。

概念。这有效澄清了许多有关可废止推理的概念。董番明关注了对应其论证框架的不同种类语义及与先前成果在非单调推理及逻辑编程上的关系。

6.6.1 关涉支持与反对的论争

董番明（Dung，1993，1995）的理论之核心是论证间的攻击关系。就这点而论，该理论注重攻击而不涉及支持。论证被看作松散且既定的。因为论证是松散的，它们原则上可对应于作为推导之论证和作为命题之论证的占位符。然而，董番明在描述其理论的应用中提到，他是从推导的意义来考虑自己理论中之论证的。

6.6.2 关涉依据的论证

董番明的论证没有结构，并且并非由结构性语言的语句所构成。由于依据之表示需要一种结构性语言，因此董番明的理论未考虑关涉依据的论争。

6.6.3 论证评价

董番明（Dung，1993，1995）工作的一个重要部分是他对不同种类的语义及其它们之间的关系进行了讨论。例如，如果所有未在集合的论证被集合中之论证所攻击，则该论证集（不包含彼此攻击的论证）被称为稳定扩充。那么自然而然，集合中的论证将被看作关于该扩充是未被击败的，而集合外的论证为被击败的。[12]当存在稳定扩充时，所有论证可被评价为未被击败的或被击败的。然而，也可能出现没有稳定扩充存在或有多个稳定扩充之情形。

当一个论证框架没有稳定扩充时，可能的情形是部分论证框架

---

[12] 董番明（Dung，1993，1995）没有定义击败状态赋值。维赫雅（Verheij，1996b）将董番明的集合方式与状态赋值方式结合起来。See also Verheij（2000a）.

能被合理地解释。为此目的董番明提出了论证可达集之定义。可达集的定义使该理念精确为，如果存在反攻击，即攻击论证本身被攻击时，对论证的攻击可变得没有威胁。更准确地说，论证集（不包含彼此攻击的论证）是可达的，即如果对该集合中之论证进行攻击的所有论证本身被该集合中之论证所攻击。包含尽可能多的论证之可达集被称为偏好扩充，它可被看作对该论证框架的一个解释，其中尽可能多的论证被解释。偏好扩充中之论证能被看作关于该偏好扩充是未被击败的，那些被集合中之论证所攻击的被视为被击败的，而其他被视为有待评价的。

6.6.4 理论构建

董番明的理论关注不同种类之语义，并且未涉及论证的程序性方面和理论构建方面。

6.7 CumulA 的广义击败关系

CumulA（Verheij，1996a，第 5 章和第 6 章）是可废止论证的形式论辩模型。论证被看作是阶段性发生的。在后续阶段中，新的论证被考虑，而这也对论证的状态产生着影响：一个在某阶段被证成的论证可在后续阶段中被击败，反之亦然。CumulA 关注论证的理由结构与击败之间的关系。在此讨论它是由于支撑 Argue! 系统的论证理论受到 CumulA 所启发。

6.7.1 关涉支持与反对的论争

在 CumulA（Verheij，1996a）中，论证是关于理由与结论的树型结构。因此，CumulA 的论证是推导意义上的论证。但论证不仅能用论证步骤的从属结构来构建，而且也能用协同结构构建。换而言之，可将论证步骤并联起来。因此，一个结论能被多个独立理由所支持。在一个逻辑系统中，一般不能用协同结构构建推导。协同结构被用于范爱默伦等人（Van Eemeren et al., 1981, 1987）已建立的论证理论中。[13]

在 CumulA 中，论证内的理由都为支持理由。论证能被其他论证所攻击。攻击用击败关系表示。击败关系由一个攻击论证集和一个被攻击论证集组成。

6.7.2　关涉依据的论争

CumulA 未指定语言以表示命题对论证的构成。因此，CumulA 没有建模依据。

6.7.3　论证评价

CumulA 的攻击（根据击败关系所建模）可导致论证之击败：如果击败关系的攻击论证为未被击败的，则被攻击论证为被击败的。根据击败关系可以区别多种击败。例如，除了从普洛克（Pollock, 1987）之推导意义来看的底切击败和反驳击败外，还可以区分序贯弱化击败和并行强化击败。

论证之评价是根据论辩阶段来定义的。每个阶段表示有哪些命题被纳入考虑之内及它们的评价状态是什么。各阶段之论证要么未被击败要么被击败。有人可能认为仅用该阶段未被击败的论证来表示论辩阶段就足够了。这实际意味着"遗忘"被击败的论证。这是没有必要的，因为在论辩路线期间，论证能反复改变状态。如果被击败论证被忘却，那么为了使之复效它们必须被重新

---

〔13〕　但在术语的表示上存在区别：如果将独立理由并联起来，范爱默伦等人（Van Eemeren et al., 1981, 1987）称之为多重论证。当若干子理由结合成一个理由时，他们称之为协同论证。

纳入考虑之内。

6.7.4 理论构建

在 CumulA 中，论辩被视作一个阶段性发生的过程。论辩阶段由论辩路线串联起来，作为论辩过程的表示。在论辩路线期间前提能发生改变。CumulA 没有区分争议。

6.8 基于理由的逻辑

基于理由的逻辑由哈赫发起，并在哈赫与维赫雅的合作中得到进一步发展（Hage，1996，1997；Verheij，1996a），可将其刻画成一个关于规则和理由的理论。它没有明确的论证概念。[14]反而关注于与规则和理由关联的语句类型，及这些类型语句所表示的事态。基于理由的逻辑在此有着重要的相关性，因为如维赫雅在论文中所描述的那样（Verheij，1996a），支撑 ArguMed 2.0 和 ArguMed 3.0 的论证理论是由试图架接基于理由逻辑与 CumulA 之间的不完善概念空缺所产生的。下述讨论基于维赫雅（Verheij，1996a）所提出的基于理由的逻辑之版本。

6.8.1 关涉支持与反对的论争

在基于理由的逻辑中，可以对哪些事实是支持或反对其他事实的理由进行表示。理由是应用规则而产生的。通常规则应用于规则条件被满足时，但在有排除理由的情形下，规则的应用也能被排斥。存在冲突理由的时候可能发生此情形。这样的话，只有对支持与反对的相关权重进行考量后才能得出结论。

---

[14] 此种基于理由的逻辑作为一个异数并未在本章所讨论的可废止论证理论的列表之内。

6.8.2 关涉依据的论争

基于理由的逻辑之规则（或其规则有效性）类似于依据。借助基于理由的逻辑其语言之丰富性，有可能表示不同种的类似依据的命题。例如，可能对某些事实能提供一个理由反对规则之有效性进行表示。

6.8.3 论证评价

在基于理由的逻辑中，扩充的定义（以瑞特1980年论文中的风格）可被视作一个关于给定假定集之证成命题的定义。假定不是初步的并且也没有区分争议。

6.8.4 理论构建

基于理由的逻辑（Verheij，1996a）仅定义了可从给定理论得到哪些结论。对于如何达成一个理论并未讨论。一个与基于理由的逻辑相关的工作是处理对话的设定（Hage, Leenes & Lodder, 1994；Lodder, 1998）。在该项工作中，对话参与人可对他们做出的命题进行承诺。在这种方式中，所谓参与人的承诺库在对话期间会发生变化。这种进化的承诺库在概念上关联于逐步构建的理论。

6.9 Argue!、ArguMed 2.0 和 ArguMed 3.0

下面给出了一个概况，关于 Argue!、ArguMed 2.0 和 ArguMed 3.0 的论证理论相对于四个关注点的主要发现。

6.9.1 关涉支持与反对的论争

支撑各系统之论证理论间的一个主要区别为，在 Argue! 中击败是论证的一个性质（从理由—结论之结构的意义来看），而在 ArguMed 系统中击败是命题的一个性质。同样地，在 Argue! 中攻击是论证间的一种关系，而在 ArguMed 系统中攻击是命题间的一种关系。

面向命题的方法似乎比面向推导的方法更加自然。在论证助手中，面向命题的方法提供了一种关涉支持与反对之论争的表示，这更容易被用户辨识。有关基于命题的方法之攻击和击败实例有图尔敏的论证图式、瑞特的缺省推理逻辑和 DefLog。有关面向推导的方法之实例有普洛克的反驳击败理由和底切击败理由[15]、弗雷斯维克的抽象论证系统、普拉肯与沙托尔的获胜策略和 CumulA。董番明的论证可达集可被解释为面向命题且面向推导的方法，尽管董番明的工作揭示他是根据推导来考虑其理论的。[16]基于理由的逻辑没有明确提供攻击与击败的方法。

针对论辩性论证的面向命题之方法允许不同种类的攻击有区别，诸如底切和反驳。当命题间的条件关系能被表示时，这将成为可能（参见在下面关涉依据的论争中之所说）。

6.9.2　关涉依据的论争

基于 DefLog 的 ArguMed 3.0 表明，可根据嵌套支持来分析图尔敏的依据。则依据被视为一个支撑某理由与其所支持结论间之支持连接的理由。类似地，可根据嵌套攻击来分析普洛克的底切。则底切是一个反对某理由与其所支持结论间之支持连接的理由。从这个意义来看，图尔敏的依据为支持凭证，而普洛克的底切为支持排除。

有两个对图尔敏之依据和普洛克之底切的直截泛化：攻击凭证

---

[15]　请注意，普洛克是在由继发式所构建的推论图中定义击败状态赋值的。比较第 6.3 节。

[16]　在附录中（B.3 部分）展示了可根据将命题嵌入 DefLog 来解释董番明的方法。

和攻击排除。前者为支撑某理由与其所攻击结论间之攻击连接的理由，后者为反对此种攻击连接的理由。这些泛化出现于实际论证中。例如，在法律中关于某个命题是否是一个反对其他命题的理由之争议，可成为争论的对象。对此争议当然可能同时存在支持理由和反对理由。使用逻辑系统 DefLog 的形式概念（刻画了 ArguMed 3.0），将提供以下四种可能性的概况：

w ⤳（p ⤳ q）支持凭证（依据）：w 许可 p 支持 q

w ⤳（p ⤳ ×q）攻击凭证：w 许可 p 攻击 q

u ⤳ ×（p ⤳ q）支持排除（底切）：u 排除 p 对 q 的支持

u ⤳ ×（p ⤳ ×q）攻击排除：u 排除 p 对 q 的攻击

6.9.3　论证评价

论证助手 Argue!、ArguMed 2.0 和 ArguMed 3.0 都认可对论辩材料的评价。这对于涉及可废止论证和命题的材料至关重要。若干其他系统止步于材料的图形表示上［例如，萨瑟斯等人的 Belvedere（Suthers et al., 1995）和基于图尔敏（Toulmin, 1958）的系统，他们没有讨论论证评价；参见 Verheij, 2001a］。显然的困难是没有就可废止论证和其（形式）评价达成一致。设计 DefLog 的目的是为了在涉及基于初步证成假定的论辩性论证评价时，使其尽可能浅显。

6.9.4　理论构建

ArguMed 3.0 可被视为论辩性理论构建工具。可能产生争议和做出假定以此解决争议。然而假定仅被视为是初步证成的。如果一个假定被反对它的理由成功攻击，它将变为被击败的。也可能把假定变为一个争议，反之亦然。因此，通过对假定进行批判的详细审查和给它们提供支持和反对理由，一个解决争议的理论可被逐步地构建。

第 6 章 可废止论证理论

如 ArguMed 3.0 中使用的理论构建其主要特征为它使用了逻辑语言，能根据条件和其假定与争议间之区别表示命题间的支持与攻击。与之伴随的是论证评价的浅显定义，其内核可被概括为如下：命题被证成，如果它由被证成假定所支持；而命题被击败，如果它由被证成假定所攻击。

第7章 论证助手：结论与前景

显然本书所描绘的论证助手是试验性的。以它们目前的形态，无法期待它们能被大范围应用于论证活动中。可废止论证的论证助手开发仍处于试验性阶段，而之所以出现这种情形有几个适当的原因。第一个困难是缺乏规准的可废止论证理论，尤其对于法律论证而言。[1]第二个困难是论证助手需要一种新用户界面的设计。论证能自然而清晰地呈现给用户（尤其当论证是可废止时）这样一种方式仍有待我们学习，否则论证行动需要由用户来执行。诸如此类的困难可能造成论证理论与论证助手的用户界面之间存在巨大差异（参见第5章关于论辩助手的讨论和第6章关于可废止论证理论的讨论）。

我已在别处（Verheij，1998a，1998b）讨论过，即使是处于现行的试验性阶段，论证辅助系统的开发仍有重大意义。我区分出论证辅助系统之所以有价值的四个方面：首先，此类系统能充当**实现**（形式）论证理论的角色，而这一点由于许多（公认的）理论技术

---

[1] 关于法律中论证模型的概况，如参见本奇-卡朋（Bench-Capon，1997）和《人工智能与法》特别专刊，Vol. 4, Nos. 3/4, 1996。关于可废止论证的概况，如参见普拉肯与弗雷斯维克（Prakken & Vreeswijk，2002）或彻斯内瓦尔、马古伊特曼与路易（Chesnevar, Maguitman & Loui, 2000）。关于非单调逻辑的概况，如参见加贝、霍格与罗宾逊（Gabbay, Hogger & Robinson, 1994）。

第 7 章 论证助手：结论与前景

难题也变得尤为有意义；其次，它们在技术上、哲学上和实践中是论证理论的**试验台**；再次，论证助手能提供使论证理论更具可信性的**展示**；最后，它们能成为**实践的助手**，比如应用于法律决策、规划和教育。现开发出来的系统已能做到前两点，更多的是面向理论而言的，而后两点也开始在慢慢达成中，这更多的是面向实践来说的。

下面对开发 Argue! 和 ArguMed 系列系统的结果与结论进行了总结。首先，给出了一个系统本身的简略概况（第 7.1 节）。第 7.2 节涉及了论证助手的前景。

7.1 Argue!、ArguMed 2.0 和 ArguMed 3.0 之概况

关于本书所讨论的论证助手，可得出以下结论。

Argue! 是第一个开发的系统，它有趣地实现（并提供了一个试验台）了可废止论证的个别理论（CumulA 的简化版；Verheij，1996a），但该理论应用于一般论证不够自然。它的用户界面允许用户在视窗上灵活绘制和组织论辩材料，但材料结构（尤其是击败关系）的复杂性使得这种处理难以完成。这种方式主要是从研究视角出发的。例如，它的逐步评价功能提供了一种关于可废止论证评价的有趣见解。

ArguMed 2.0 对一般用户而言更容易上手。用户评价（第 1.5 节）对此进行了定性证实。它的模型及其底切例外的表示和命题评价所产生的作用表现得更加自然，并且更易于理解。添加的步骤依据和底切依据使得论证理论明显丰富了，但它们在系统中的表示及处理它们的方式对某些用户而言还是有困难的。通过自己的摸索能轻松掌握基于模板界面的使用，但它有一个缺陷，即很难将在模板

窗体中填写的论辩数据与在论辩视窗上呈现的画面联系起来。

ArguMed 3.0 通过把理由与其（支持的或反对的）结论之间的箭头看作条件命题对 ArguMed 2.0 的依据模型进行了简化，从而产生了一个丰富灵活的论证理论（形式化为 DefLog 逻辑系统）。通过与 DefLog 相对应，它的评价功能在逻辑上更加完善（与 ArguMed 2.0 相比）。对于用户界面，其采取了一种介于 Argue! 之灵活界面与 ArguMed 2.0 之严苛界面的中立方式。这种方式是通过使用鼠标敏感的论证视窗实现的，视窗中的论辩材料由系统组织。对论辩材料的编辑直接在论证视窗上进行，而非在独立模板窗体中完成。

第 5.7 节和第 6.9 节对系统设计及论证理论如何关联于其他事项进行了总结。

7.2 贡献与结论

本书所呈研究的主要贡献如下所示：

呈现了三个模拟法律中可废止论证的论证助手：Argue!、ArguMed 2.0 和 ArguMed 3.0。

为可废止论证的基于论证之方法（Argue!）和基于命题之方法（ArguMed 系统）引入了可废止论证的图形表示。

实施了两类论证助手界面：以结构为中心的界面，其中绘制的是图形结构（Argue!）；以活动为中心的界面，其中由用户制定论证活动。以活动为中心的界面有两种式样：一种使用模板窗体（ArguMed 2.0），另一种使用鼠标敏感视窗（ArguMed 3.0）。

呈现了可废止论证的基于命题理论。在 ArguMed 3.0 中实施了这一理论并将其形式化为 DefLog。它与更普遍的基于论证理论有所不同。DefLog 提供了一种初步证成假定理论。从形式上来说，

第 7 章 论证助手：结论与前景

DefLog 与董番明在论证系统上之工作有关联。

呈现了一种关于图尔敏之依据和普洛克之底切的基于条件的统一解释（根据 DefLog）。

实施了两种论证评价：逐步评价（Argue！）和全局评价（ArguMed）。在 ArguMed 3.0 中，系统计算所有可能的评价，有时候不存在、有时候有若干个评价（比较非单调逻辑中不存在扩充和有多个扩充）。

可得出以下结论：

以法律中可废止论证理论为基础可建立适于使用且便于理解的论证助手。

论证助手能适用于有关法律案例应用的不受约束之论证（而非基于前提的或基于争议的方法）。从这点来看，它们是理论构建工具。

论证的用户界面应该以活动为中心而非以结构为中心。如果用模板窗体输入活动，用户容易产生困惑。就这一点来说，使用鼠标敏感视窗直接与用图形表示的论证互动更佳。

用户评价显示一些测试人在没有接受训练的情况下能按照预期的那样在 ArguMed 2.0 和 ArguMed 3.0 中理解和使用所有的活动与评价。通过自己的摸索和单个各类实例的表示足以实现。所有测试人理解并使用了最简单的论证活动，即制定命题和给出支持或攻击理由。在某种程度上底切具有更多挑战，但仍被大多数测试人所理解和使用。据报告争议与假定的区别是论证理论最具挑战的元素，尤其在涉及论证评价时。同样地，依据也被证明是相对较难的元素。有趣的是，大多数测试人理解了依据的实例并且能重新制作它们，但在随后被要求用论证助手的图形格式表示给定之文本论证时，并不会使用依据。

关于可废止论证的基于命题的理论比基于论证的理论更加自然。

可根据可废止论证的基于命题之理论对图尔敏的依据和普洛克的底切以统一的方式进行建模。

7.3 未来的研究与前景

许多问题仍有待进一步研究，它们或仍未被涉足，或几乎未被涉足。

让我们对其中一些问题进行讨论，以此指出将来所要探讨的研究问题。

在何种情景下对于哪些论证者而言什么样的论证支持是有用的？在不同的情景下不同类型论证者有不同的需求，这一点似乎很明显。例如，某领域中的论证新手（如一年级法学院学生）相对于论证专家而言将更需要另一种类型的支持。

能如何用论证助手对本书所讨论之外的论证方面进行有效建模？例如，有人可能会想到论证的对话方面，包括讨论规则、谬误探测和在论证图式基础上进行推理。

开发适应于特定论证语境的论证助手有用吗？有人可能会想到针对法庭辩论、决策者审议和技能培训工具此类系统。例如，它可能有益于给具体领域的论证图式提供支持，诸如涉及先例、规则、原则、值和目标的经典法律论证种类。

论证必须以何种格式呈现？主要有图形表示和文本表示两种分类，但也能设想为在两个群组中有许多变化版本。比如在法律中，论证的复杂性与微妙性将妨碍到图形的表示，从而需要自然的语言表示。一种妥协的方式是同时采用图形和自然语言两种论

第 7 章　论证助手：结论与前景

证表示。

支撑论证助手的论证理论应该对应于人类实际的论证吗？换而言之，论证助手应该对应于论证的实证有效模型吗？或把实际论证理想化会产生更有用的帮助吗？如果是非常接近的对应，模型将包括人类制造的典型错误，而如果对应太弱，用户则不能把模型与他们的论辩实践联系起来。

论证的自动或半自动评价是一个有效用的工具吗？就论证评价而言何种信息对用户有意义？

标记命题与活动类型有用吗？例如，系统使用图尔敏图式有使图式中的不同槽位被赋予特定论辩角色的优点，诸如依据或支持。当迫使用户更好地组织其论证的时候，这能起到一定作用。但这有一个缺点，即被赋予的角色会使得论辩过于严谨。

如何将领域知识有效的整合进论证助手之中？在论证助手中包含更多内容将成为未来研究的一个最重要的方向。这将缩小论证助手和自动推理机之间的差距。论证助手有开放灵活的优点，但值得期待的是把领域知识整合进来能使系统在实践中更多地发挥作用。以这种方式的话，可同时具备论证助手和自动推理机之优点。

当前研究状态仅迈向了回答上述类似问题的第一步。继续开发论证助手并将其转化成一种新型的知识管理工具负有一定的挑战。令人振奋的是想象论证助手能如何改变诸如法律这种论证密集环境中的论证实践。

让我们以测试人的两个简洁和令人深省的命题为结尾。一位测试人是全职民法教授，他肯定地认为在所统计的法律论证中仅约有 10% 能被类似 ArguMed 的面向形式化系统所捕获。另一位测试人为年轻律师，他称 ArguMed 系统改变了他对法律的看法。这两个命题能给将来的研究提供灵感。

附录 A　ArguMed 2.0 的测试协议（翻译摘录）

A.1　双击 ArguMed 图标打开 ArguMed 程序。

你将看到以下视窗：

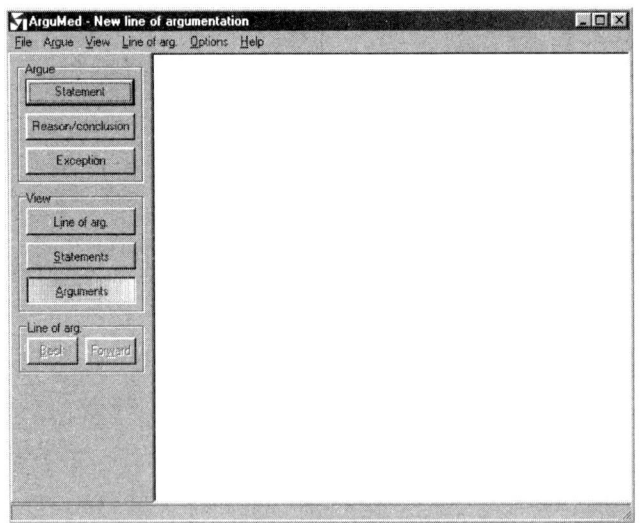

A.2　在菜单栏选择"File"–"Open"打开文件"line_of_argumentation01.lin"。将出现以下画面：

附录 A　ArguMed 2.0 的测试协议（翻译摘录）

两个命题是用图形所表示的。它们的表示有所区别。例如，你能看到它们各自有一个问号和叹号。

A.3　你知道这些区别有何意义？如果知道，你有何猜想？
（请注意：这项研究与你的第一印象有关，该问题并没有一个预期答案。因此你的回答绝不会是"错的"。）

A.4　在菜单栏点击"File"－"New"新建一个新论辩路线。试着重新制作上面的两个命题，记住它们有不同的表示。

这里的想法是让你通过尝试 ArguMed 系统设法找出能如何制作这两个命题。你可以打开一个新文件重新开始（点击"File"－"New"）

A.5　你成功了吗？

☐ 是的。

☐ 否。请解释为什么？

你可以点击"Argue"标记区域的"Statement"按键来输入命题。将出现以下窗体：

虚拟论证
——论法律人及其他论证者的论证助手设计

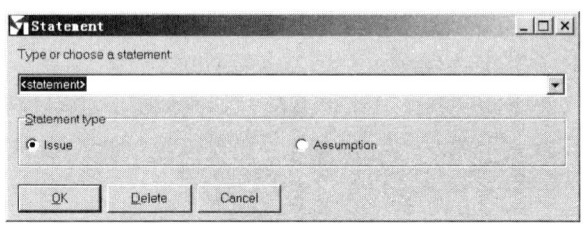

你可以给出一个命题，通过在完成行输入一个语句然后点击"OK"按键来完成。

在支撑 ArguMed 的论证理论中，命题有自己的**类型**。一个命题可能是一个**争议**或一个**假定**。在 Statement 窗体中，你可以指出你的命题类型。

叹号表示命题为假定类型，问号表示命题为争议类型。

A.6 在 At C.3 你被要求给出关于两个命题不同表示的猜想。现在你能提供一个不同回答吗？如果能，你的回答是什么？

_____

_____

A.7 打开文件"line_of_argumentation02.lin"。你将看到以下画面：

> ？彼得的行为构成侵权
> ↑
> ！彼得侵犯了财产权

该图表示了一个简单论证。请您用自己的语言陈述该论证。

_____

_____

A.8 命题"彼得的行为构成侵权"出现了与 **C.2** 中不同的表示。有什么变化?你知道为什么吗?如果知道,你有何猜想?

A.9 打开文件"line_of_argumentation01.lin"。尝试制作 **C.7** 的论证。

A.10 你成功了吗?

☐ 是的。

☐ 否。试图指出为什么。

附录 B 衍生：论辩性逻辑 DefLog

DefLog 是支撑论证助手 ArguMed 3.0（参见第 4.1.3 节）的论证理论之形式版本。此附录包括若干涉及 DefLog 的进一步信息。在这里定义了论辩性证成概念，并且它被证明将产生一个论辩性解释的存在与多重性标准。我们在 DefLog 与董番明（Dung, 1995）的论证框架之间建立了一种形式联系。关于 DefLog 的进一步细节由维赫雅（Verheij, 2000a; 2003a）所提供。

B.1 论辩地证成论证

在我们着手论辩性证成概念之前，需要引入一些术语。

(i) 如果一个语句集是免于冲突的，则它为一个**论证**。如果 Δ 是一个语句集，则 Δ - **论证**是 Δ 的一个论证子集。

(ii) 令 φ 为语句。如果论证 C 支持 φ，则 C 为一个**支持φ的论证**。如果论证 C 攻击 φ，则 C 为一个**反对φ的论证**。论证 C 中的语句也被称为其**前提**，在 C 支持 φ 的语句中 φ 为其**结论**。

(iii) 论证 C **攻击**论证 C'，如果 C 攻击了一个 C' 中的语句。

(iv) 如果 C ∪ C' 为一个论证，则论证 C 与 C' 是相容的，否则它们不相容。集合 $\{C_i\}_{i \in I}$ 中的论证是相容的，如

果它们的并 $\cup_{i \in I} C_i$ 为一个论证，否则它们不相容。

下图用图形表示了三个论证。

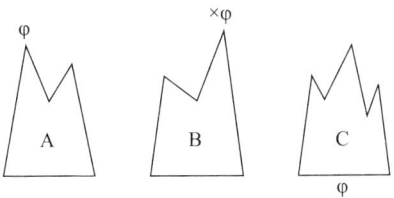

图 B.1　3 个论证

山形底部由论证前提组成；山形顶点形成结论。论证 A 有结论 φ，论证 B 的结论为 ×φ 而论证 C 的前提为 φ。B 攻击 C，但不必然攻击 A（由于 φ 可能不是 A 的前提）。A 和 B 为不相容的，同样有 B 和 C 为不相容的。

如果一个理论有一个论辩性解释，则该理论在解释中的被证成语句集显然是一个论证。它有一个特殊性质。

命题（1）

令 E 为理论 Δ 的一个扩充。则 J（E）∩Δ 为一个 Δ - 论证，它攻击任意与之不相容的 Δ - 论证 C。这里的 J（E）表示扩充 E 的被证成命题集。

证明：由于 E 为一个扩充，则 J（E）∩Δ 是免于冲突的。因此一个与 J（E）∩Δ 不相容的 Δ - 论证 C 不可能是 J（E）∩Δ 的子集，这是因为 J（E）∩Δ 不与它的任意子集不相容。因此有一个 C 中的语句 φ 未在 J（E）∩Δ 中。由于 E 为一个扩充，则 φ 在扩充 E 的被击败语句集 D（E）中。但对于 D（E）中的任意语句 φ，显然根据扩充定义有 J（E）∩Δ 攻击 φ，从而有 J（E）∩Δ 攻击 C。

有 J（E）∩Δ 在上述命题（1）中之性质的论证被称为是论辩证成的：

（v）一个Δ-论证C关于Δ是论辩证成的，当且仅当C攻击任意与之不相容的Δ-论证C'。

（vi）一个语句φ关于语句集Δ是论辩可证成的，当且仅当存在一个支持φ的Δ-论证关于Δ是论辩证成的。那么这样的论证C被称为φ的论辩性证成，并且C关于Δ论辩地证成φ。一个语句φ关于Δ是论辩可废止的，当且仅当×φ关于Δ是论辩可证成的。如果C为×φ的一个论辩性证成，则论证C关于Δ论辩地击败φ。

（vii）一个语句φ关于语句集Δ是论辩可解释的，当且仅当它关于Δ是论辩可证成的或论辩可废止的。语句φ关于语句集Δ是论辩含混的，当且仅当它关于Δ同时是论辩可证成的和论辩可废止的。

论证 {p, r, r⤳×q} 关于理论 {p, q, r, q⤳×p, r⤳×q} 论辩地证成 p。论证 {p} 未论辩地证成 p，由于不相容论证 {q, q⤳×p} 未被攻击。论证 {r, r⤳×q} 关于该理论论辩地击败 q。

语句 p 和 q 关于理论 {p, q, p⤳×q, q⤳×p} 是论辩含混的，由于论证 {p, p⤳×q} 论辩地证成 p 且论证 {q, q⤳×p} 论辩地击败 p，对于 q 情况类似。

语句 p 关于理论 {p, p⤳×p} 不是论辩可解释的。

请注意，如果一个论证关于某个理论是论辩证成的，则它论辩地解释其支持的所有语句。

B.2 扩充的存在与多重性

如果一个理论有一个论辩性解释，则该理论中的所有语句是论辩可解释的。换而言之，论辩性证成是一种"局部的"论辩性解释。以下是 B.1 节所证明的命题（1）的直接推论：

推论（2）

令 E 为理论Δ的一个扩充。那么该理论中的所有语句关于Δ是论辩可证成的或论辩可废止的。

证明：通过 B.1 节的命题（1）可得出，J（E）∩Δ论辩地证成或论辩地击败Δ中所有语句。

请注意，推论（2）给出了一个存在扩充的必要条件：如果有一个理论中的语句不是论辩可解释的，则不可能存在扩充。推论（2）能解释上文所遇到的无扩充之理论实例：总的来说，存在一个语句不是论辩可解释的。但推论（2）中的条件不是扩充存在的充分条件，如可通过理论Δ = {p, q, p⤳×q, q⤳×p, r, r⤳×r, s, s⤳×s, p⤳×r, q⤳×s} 看出。该理论没有扩充。但理论中的所有语句关于Δ是论辩可证成的或论辩可废止的。Δ - 论证 {p, p⤳×q, p⤳×r} 论辩地证成 p 并且论辩地击败 q 和 r，而 {q, q⤳×p, q⤳×s} 论辩地证成 q 并且论辩地击败 p 和 s。

论辩性证成的概念在下面的主定理（3）中起到重要作用，它明确地表示在何种情形下一个理论有扩充。在此需要一个附加的定义。

（viii）令 C 为一个论证。语句φ关于理论Δ是**在语境 C 中论辩可证成的**，如果它被一个包含 C 的该理论之论辩证成论证所支持，而**在语境 C 中论辩可废止的**是指如果×φ被一个包含 C 的论辩证成论证所支持。

现在可以来阐述主定理：

定理（3）

当且仅当，存在一个论证 C 使得Δ中的所有语句关于该理论要么是在语境 C 中论辩可证成的，要么是在语境 C 中论辩可废止，但不同时兼具两种情形时,理论Δ有一个扩充。

（证明在后面。）换句话说,一个理论有一个扩充,当且仅当存在一个语境使得该理论中的所有语句是论辩可解释的,而不存在语句是论辩含混的。定理（3）与上文的推论（2）密切相关,在推论（2）中说到一个理论所有语句的论辩可解释性是扩充存在的必要条件。定理（3）说的是所有语句的论辩可解释性在**没有论辩性含混的语境**下是扩充存在的充要条件。在将理论中论辩含混语句造就的所有选择固定之后,就具备了扩充存在的充分条件,即理论中的所有语句要么是论辩可证成的,要么是论辩可废止的。为何一个理论中所有语句的论辩可解释性对于扩充的存在不够充分,显示这一点的实例也指出了什么地方可能出现错误:当存在论辩含混性时,一个语句的论辩性证成（或其论辩性否定）与另一语句的论辩性证成不需要是相容的。换而言之,语句的论辩性证成可以依赖于论辩含混性所造就的特定选择。需要不同选择的论辩性证成不可能"被粘附"于一个扩充的形成。

在定理（3）的证明中论辩性证成的三个性质至关重要。

命题（4）

(i) **局域化**:令 E 为理论Δ的一个扩充。则存在一个论证集合 $\{C_i\}_{i \in I}$ 覆盖 J(E) ∩Δ[即 J(E) ∩Δ等价于 $\cup_{i \in I} C_i$],它关于该理论是论辩证成的。

(ii) **联合**:如果 C 和 C' 为相容论证,且它们关于理论Δ是论辩证成的,则 C ∪C' 关于该理论也是论辩证成的。（类似地对于论辩证成的论证集合而言:论辩证成的相容论证集合同样是论辩证成的。）

(iii) **底部分离**:如果 C 和 C' 为不相容论证,且它们关于理论Δ是论辩证成的,则存在一个Δ中的语句关于Δ同时是

附录 B 衍生：论辩性逻辑 DefLog

论辩可证成的和论辩可废止的。（类似地对于论辩证成的论证集合而言：给定一个论辩证成论证的不相容集合，则存在一个该理论的语句同时是论辩可证成的和论辩可废止的。）

证明：局域化性质由命题（1）所推出，它表明 J（E）∩Δ 本身关于 Δ 是论辩证成的。联合性质（相应于两个论证）可通过下列证明推出。令 C 和 C'为相容的论辩证成论证，且令论证 C"与 C∪C'不相容。首先，假设 C"与 C 不相容。则显然有 C 攻击 C"。而后，假设 C"与 C 相容。则 C'与论证 C∪C"将不相容，因此 C'攻击论证 C∪C"。由于 C 与 C'相容，则推出 C'攻击 C"。联合性质的一般情况证明需要一些额外的处理，但也与之类似。底部分离性质由论辩性证成的定义直接得出：如果 C 和 C'是论辩证成且不相容的，则它们互相攻击。那么它们各存在一个语句（并因此在该理论本身中）能被对方所攻击。分离性质的一般情况可还原为两个论证的情形。

主定理（3）的证明：首先令 E 为 Δ 的一个扩充。然后通过局域化性质 J（E）∩Δ 可被关于 Δ 的论辩证成论证所覆盖。通过联合性质，而后得出 J（E）∩Δ 也是论辩证成的。[事实上，推论（2）的证明表明 J（E）∩Δ 是论辩证成的。] 因此，J（E）∩Δ 是定理（3）中所描述的语境，这通过 J（E）∩Δ 是论辩证成的这个事实和所有 Δ 中的语句在语境 J（E）∩Δ 中是论辩可解释的这个扩充定义所得出，又因为 J（E）∩Δ 是免于冲突的，所以在该语境中不存在论辩含混。接下来令 C 为定理（3）中所描述的语境，且对于所有语句φ，令 $C_φ$ 为 C 语境中的一个论辩证成φ或论辩击败φ的 Δ - 论证。则 $C_φ$ 的集合是相容的，因为通过底部分离性质将推出存在一个该理论中的其他语句在语境 C 中是论辩含混的。通过联合性质，$C_φ$ 的并集是论辩证成的。它指定了一个 Δ 的扩充。

该证明指出扩充可通过"粘附"论辩证成论证来建构。这揭示了论辩地证成一个语句的（集合理论的极小化）论证，是该语句的一种论辩性证明。类似地，语句的此类论辩性否定的论辩性证明是该语句的一种论辩性反驳。

以下定理给论辩性论证语境中的扩充存在和多重性问题提供了一个一般性回答。它由上文的定理（3）所推出：

定理（5）

令 n 为自然数（或基数，可以为 0）。理论 Δ 恰好有 n 个扩充，当且仅当 n 等于以下语境中不相容论证 C 的最大数值，该语境为，Δ 中的语句关于该理论要么是论辩可证成的，要么是论辩可废止的，但不能两者兼具。

B.3 董番明的论证框架及可达性

董番明（Dung，1995）的论证框架对非单调推理和逻辑编程的理念进行了富有成效的抽象化。在这所呈现的是怎样在 DefLog 中模拟董番明的论证框架。事实表明，在仅使用 DefLog 子语言语句时，可自然而然地将董番明的论证框架当作 DefLog 理论。由于董番明表示他的论证框架与既有的可废止推理模型存在紧密的形式联系，如瑞特（Reiter，1980）的缺省逻辑和逻辑编程，因而在此所呈现的 DefLog 与这些模型有着直接的关联。此外，还表明了为何董番明的可达性概念不能广泛地取代论辩证成概念，后一概念被用于刻画上文所证明的扩充理论之存在与数量。

从形式上说，论证框架由集合与集合元素之间的二元关系所构成，该集合中的元素被称为**论证**，二元关系为一种**攻击**关系。如果

（A，B）在攻击关系中，则称论证 A 攻击 B。

董番明的工作以可达性概念为中心。它与 DefLog 的论辩性证成密切相关。论证 C 关于理论Δ是**可达的**，使用 DefLog 的术语，即为 C 对攻击它的任意Δ-论证展开攻击。可达性的这种定义无疑取决于 DefLog 独特的论证与攻击概念。然而也有一种在 DefLog 中模拟董番明论证框架的直截方式，使得该方式中的这种可达性定义的确成为董番明所定义的可达性之外推，如下所示。

令论证框架的各论证为 DefLog 语言中的基本语句。那么通过以下步骤，论证框架可被翻译为 DefLog 中的一个理论，将框架中有着攻击关系的任意元素（A，B）之形式设为 A ⤳×B，合并框架中的论证集及有着 A ⤳×B 形式的语句集。此外，用下述方式能轻松限定 DefLog 的语言从而使得该限定语言中的任何理论对应于董番明意义下的论证框架：仅认可基本语句和有着φ⤳×ψ形式的语句，其中φ和ψ为基本语句。我们称这种限定意义下的语句为**董式语句**，并称董式语句构成的理论为**董式理论**。

现在我们直截验证董番明框架下的一些概念与翻译后 DefLog 中的概念是否一致。而需要格外注意的是，在董番明的工作与 DefLog 中某些术语有不同含义。例如，对"论证"这个术语的使用有所不同。然而免于冲突的论证集（董番明意义下）相应于董式语句（DefLog 意义下）的免于冲突集，董番明的论证可达集与董式理论（DefLog 意义下）的可达论证相对应，而董番明的论证框架之稳定扩充相应于 DefLog 的董式理论扩充。在我的一份扩充版的原稿中（Verheij，2000a），形式化地建立了这些结论。

对于使用 DefLog 全部语言的理论而言，很容易看出论辩性证成和可达性是不同的概念，但在有着董番明框架的限定语言上看的话，这两个概念是一致的。

命题（6）

令Δ为一个董式理论。那么Δ-论证关于Δ是论辩证成的，当且仅当它关于Δ是可达的。

证明： 论辩证成论证总是可达的。（这不依赖于Δ是否为一个董式理论。）现在令 C 为一个可达论证，且令 C' 为一个不相容于 C 的论证。由于 C 和 C' 由董式语句所组成，C 与 C' 的不相容性蕴涵了 C 攻击 C' 或 C' 攻击 C。如果 C' 攻击 C，由于 C 是可达的，同样有 C 攻击 C'。这表明 C 是论辩证成的。

请注意，据此结论，可**支持董式理论**的扩充存在与多重性问题之定理根据可达性重新措辞，以取代用论辩性证成所定义的定理。对于一般理论而言情形却不一样。此时论辩性证成的概念至关重要。关键的一点是可达性没有关于论辩性解释存在与多重性的主定理证明中所运用的全部性质。这些性质为局域化、联合和底部分离。

这些性质的可达性类似表达可通过在性质制定中用"可达的"替代"论辩证成的"来找到。例如，联合性质（对两个论证而言）：如果 C 和 C' 是相容论证，它们关于理论Δ是可达的，则同样有 C ∪C' 关于该理论是可达的。底部分离性质变为（同样为两个论证）：如果 C 和 C' 是不相容论证，它们关于理论Δ是可达的，则该理论中存在两个相反的语句φ和ψ使得 C 支持φ而 C' 支持ψ。

不难看出可达性有局域化和联合性质，但缺乏底部分离性质。例如，通过检验理论 $\{p_1, p_1 \rightsquigarrow q, p_2, p_2 \rightsquigarrow (q \rightsquigarrow \times q)\}$ 可看出，对可达性而言底部分离性质不成立。关于这个理论，存在 4 个有极大元素数量的可达论证，都为该理论的三元素子集。（请注意，由于不存在攻击论证，该理论的每个论证都是可达的。）这些可达论证中任意两个都是不相容的，由于不存在语句被论证所击败，更不用说被可达论证所击败，而底部分离性质要求有语句被击败。

对可达性而言可以直接得到局域化性质：由于当理论Δ为一个扩充时，J（E）∩Δ关于Δ是论辩证成的，因此 J（E）∩Δ显然是可达的。

可达性之联合性质的证明也很简单，因为对论证集合之并进行攻击的话同样也攻击了集合中的某个论证。

对主定理（3）的检查表明，底部分离性质仅对"如果（if）"部分有效。"仅当（only if）"部分的确有类似的可达性，因为它仅使用了局域化和合并的性质。理论 $\{p_1, p_1 \leadsto q, p_2, p_2 \leadsto (q \leadsto \times q)\}$（该反例表明底部分离性质不成立）表明"如果"部分的类似可达性事实上不是真的。由于该理论的任意论证是可达的，因此该理论中所有语句是"可达性可证成的"，即被一个可达的论证所支持。由于不存在攻击论证，因此该理论没有语句是"可达性可废止的"，即被一个可达的论证所攻击。同样，该理论没有扩充。

维赫雅（Verheij, 2000a）为其他结论（例如，关于所谓的论辩偏好和可达性偏好论证，即那些关于集合包含极大数目的论辩证成论证或可达论证）和其他类似于论辩性证成的概念的元分析进行了扩展。

邦达伦科等人（Bondarenko et al., 1997）在关于缺省推理的抽象、论证理论方法讨论中使用了可达性。他们的设置正如董番明的论证框架那样，也与 DefLog 的理论有关联，尽管他们关注的是演绎系统。有趣的是，虽然在 DefLog 中论辩性否定×被当作一个普通联结词对待，而邦达伦科等人把哪些语句相反于其他语句这个问题看作是领域理论的一部分（语句到其反对的映射明确表示在它们基于假定的框架中）。似乎论辩性证成概念能直接翻译成他们的系统。在这及扩充之存在与多重性部分讨论它们的理由是，可以预期对分析基于假定的框架而言，论辩性证成比可达性有更好的性质。

参考文献

Aleven, V. (1997). *Teaching Case - Based Argumentation Through a Model and Examples*. Ph. D. Dissertation University of Pittsburgh.

Aleven, V. & Ashley, K. D. (1994). An instructional environment for practising argumentation skills. *Proceedings of the Twelfth National Conference on Artificial Intelligence*, Vol. 1, pp. 485 – 492. Seattle (Washington).

Ashley, K. D. (1990). *Modeling legal argument. Reasoning with cases and hypotheticals*. The MIT Press, Cambridge (Massachusetts).

Asser – Hartkamp (1998). *Mr. C. Asser's handleiding tot de beoefening van het Nederlands burgerlijk recht. Verbintenissenrecht. Deel III. De verbintenis uit de wet. Tiende druk bewerkt door Mr. A. S. Hartkamp*. Tjeenk Willink, Zwolle.

Barwise, J. & Etchemendy, J. (2000). *Language, Proof, and Logic*. Seven Bridges Press, New York (New York).

Bell, P. (1997). Using argument representations to make thinking visible for individuals and groups. *Proceedings of CSCL' 97: The Second International Conference on Computer Support for Collaborative Learning* (eds. R. Hall, N. Miyake & N. Enyedy), pp. 10 – 19. University of Toronto Press, Toronto.

Bench – Capon, T. J. M. (1997). Argument in Artificial Intelligence and Law. *Artificial Intelligence and Law*, Vol. 5, pp. 249 – 261.

Bench – Capon, T. J. M., Dunne, P. E. S. & Leng, P. H. (1991). Interacting with Knowledge Based Systems through Dialogue Games. *Proceedings of Eleventh In-

参考文献

ternational Conference, Expert Systems and their Applications, Vol. 1, Avignon.

Bench – Capon, **T. J. M.**, **Leng**, **P. H.** & **Staniford**, **G.** (**1998**). A Computer Supported Environment for the Teaching of Legal Argument. *Journal of Information, Law and Technology* (*JILT*), No. 3. See < elj. warwick. ac. uk/ jilt/ 98 – 3/ capon. html >.

Bench – Capon, **T. J. M.** & **Sartor**, **G.** (**2001**). Theory Based Explanation of Case Law Domains. *The 8th International Conference on Artificial Intelligence and Law*. Proceedings of the Conference, pp. 12 – 21. ACM, New York (New York).

Bondarenko, **A.**, **Dung**, **P. M.**, **Kowalski**, **R. A.** & **Toni**, **F.** (**1997**). An abstract, argumentation – theoretic approach to default reasoning. *Artificial Intelligence*, Vol. 93, pp. 63 – 101.

Bouwer, **A.** (**1999**). ArgueTrack: Computer Support for Educational Argumentation. *Analysing Educational Dialogue Interaction* (*AIED'99 Workshop* 3), pp. 1 – 8.

Brouwer, **P. W.** (**1990**). *Samenhang in recht. Een analytische studie*. Wolters – Noordhoff, Groningen.

Chesñevar, **C. I.**, **Maguitman**, **A. G.** & **Loui**, **R. P.** (**2000**). Logical models of argument. *ACM Computing Surveys*, Vol. 32, No. 4, pp. 337 – 383.

Crombag, **H. F. M.**, **van Koppen**, **P. J.** & **Wagenaar**, **W. A.** (**1994**). *Dubieuze zaken: De psychologie van strafrechtelijk bewijs*. Contact, Amsterdam.

Dung, **P. M.** (**1993**). On the acceptability of arguments and its fundamental role in nonmonotonic reasoning and logic programming. *IJCAI – 93. Proceedings of the Thirteenth International Joint Conference on Artificial Intelligence* (ed. R. Bajcsy), pp. 852 – 857. Morgan Kaufmann Publishers, San Mateo (California).

Dung, **P. M.** (**1995**). On the acceptability of arguments and its fundamental role in nonmonotonic reasoning, logic programming and n – person games. *Artificial Intelligence*, Vol. 77, pp. 321 – 357.

Gabbay, **D. M.**, **Hogger**, **C. J.** & **Robinson**, **J. A.** (eds.) (**1994**). *Handbook of Logic in Artificial Intelligence and Logic Programming. Volume* 3. *Nonmonotonic*

133

Reasoning and Uncertain Reasoning. Clarendon Press, Oxford.

Gamut, L. T. F. (1991). *Logic, Language, and Meaning. Volume I. Introduction to Logic*. The University of Chicago Press, Chicago.

Gelder, T. J. (2001). The Reason! Project. *The Skeptic*, Vol. 21, No. 2, pp. 9 – 12.

Gelfond, M. & **Lifschitz**, V. (1988). The stable model semantics for logic programming. *Logic Programming. Proceedings of the Fifth International Conference and Symposium* (eds. R. A. Kowalski & K. A. Bowen), pp. 1070 – 1080. The MIT Press, Cambridge (Massachusetts).

Gordon, T. F. (1994). The Pleadings game: An Exercise in Computational Dialectics. *Artificial Intelligence and Law*, Vol. 2, No. 4, pp. 239 – 292.

Gordon, T. F. (1996). Computational Dialectics. *Computers as Assistants. A New Generation of Support Systems* (ed. P. Hoschka), pp. 187 – 203. Lawrence Erlbaum Associates, Mahwah (New Jersey).

Gordon, T. F., **Johnigk**, S., **Schmidt – Belz**, B., **Voss**, A. & **Petersen**, U. (1999). Distance Learning Applications of the Zeno Mediation System. *Computer – Supported Collaborative Argumentation for Learning Communities Workshop at CSCL'99*. See < kmi. open. ac. uk/ sbs/ csca/ cscl99/ >.

Gordon, T. F. & **Karacapilidis**, N. (1997). The Zeno Argumentation Framework. *The Sixth International Conference on Artificial Intelligence and Law. Proceedings of the Conference*, pp. 10 – 18. ACM, New York (New York).

Gordon, T. F., **Voss**, A., **Richter**, G. & **Märker**, O. (2001). Zeno: Groupware for Discourses on the Internet. *Künstliche Intelligenz*, Vol. 2, pp. 43 – 45.

Haenni, R., **Kohlas**, J. & **Lehmann**, N. (2001). Probabilistic Argumentation Systems. *Handbook of Defeasible Reasoning and Uncertainty Management Systems, Volume 5: Algorithms for Uncertainty and Defeasible Reasoning* (eds. J. Kohlas & S. Moral), pp. 221 – 288. Kluwer, Dordrecht.

Hage, J. C. (1997). *Reasoning with Rules. An Essay on Legal Reasoning and Its*

Underlying Logic. Kluwer Academic Publishers, Dordrecht.

Hage, J. C. (2000). Dialectical Models in artificial intelligence and law. *Artificial Intelligence and Law*, Vol. 8, pp. 137 – 172.

Hage, J. C. (2001a). Formalizing legal coherence. *The 8th International Conference on Artificial Intelligence and Law. Proceedings of the Conference*, pp. 22 – 31. ACM, New York (New York).

Hage, J. C. (2001b). Legal logic. Its existence, nature and use. *Pluralism and Law* (ed. A. Soeteman), pp. 347 – 373. Kluwer Academic Publishers, Dordrecht.

Hage, J. C., Leenes, R. E. & Lodder, A. R. (1994). Hard Cases: A Procedural Approach. *Artificial Intelligence and Law*, Vol. 2, pp. 113 – 167.

Hunter, A. (2001). Hybrid argumentation systems for structured news reports. *Knowledge Engineering Review*, Vol. 16, pp. 295 – 329.

Karacapilidis, N. & Padadias, D. (2001). Computer supported argumentation and collaborative decision making: the HERMES system. *Information Systems*, Vol. 26, pp. 259 – 277.

Kowalski, R. A. & Toni, F. (1996). Abstract Argumentation. *Artificial Intelligence and Law*, Vol. 4, pp. 275 – 296.

Leenes, R. E. (1998). *Hercules of Karneades. Hard cases in recht en rechtsinformatica*. Twente University Press, Enschede.

Lodder, A. R. (1998). *DiaLaw – on legal justification and dialog games*. Dissertation Universiteit Maastricht.

Lodder, A. R. & Huygen, P. E. M. (2001). eADR: A simple tool to structure the information exchange between parties in Online Dispute Resolution. *Legal Knowledge and Information Systems. JURIX* 2001: *The Fourteenth Annual Conference* (eds. B. Verheij, A. R. Lodder, R. P. Loui & A. J. Muntjewerff), pp. 117 – 119. IOS Press, Amsterdam.

Lodder, A. R. & Verheij, B. (1998). Opportunities of computer – mediated legal argument in education. *Proceedings of the BILETA – conference – March 27 – 28*,

Dublin, Ireland.

Loui, R. P. , Norman, J. , Altepeter, J. , Pinkard, D. , Craven, D. , Linsday, J. & Foltz, M. (1997). Progress on Room 5. A Testbed for Public Interactive Semi-Formal Legal Argumentation. *The Sixth International Conference on Artificial Intelligence and Law. Proceedings of the Conference*, pp. 207-214. ACM, New York (New York).

MacCrimmon, M. & Tillers, P. (eds.) (2002). *The Dynamics of Judicial Proof. Computation, Logic, and Common Sense.* Physica-Verlag, Heidelberg.

Marshall, C. C. (1989). Representing the structure of a legal argument. *The Second International Conference on Artificial Intelligence and Law. Proceedings of the Conference*, pp. 121-127. ACM, New York (New York).

Maudet, N. & Moore, D. J. (1999). Dialogue Games for Computer Supported Collaborative Argumentation. *Computer Supported Collaborative Argumentation Workshop at CSCL'99*, Palo Alto. See < kmi. open. ac. uk/ people/ sbs/ csca/ cscl99/ >.

Mommers, L. (2002). *Applied legal epistemology. Building a knowledge-based ontology of the legal domain.* Dissertation Leiden University.

Muntjewerff, A. J. (2001). *An Instructional Environment for Learning to Solve Legal Cases. PROSA.* Dissertation Universiteit van Amsterdam.

Nute, D. (1988). Defeasible reasoning: a philosophical analysis in Prolog. *Aspects of Artificial Intelligence* (ed. J. H. Fetzer), pp. 251-288. Kluwer Academic Publishers, Dordrecht.

Paolucci, M. , Suthers, D. & Weiner, A. (1996). Automated Advice-Giving Strategies for Scientific Inquiry. *Intelligent Tutoring Systems, Third International Conference, ITS'96. Montréal, Canada, June* 12-14, 1996 (eds. C. Frasson, G. Gauthier & A. Lesgold), pp. 372-381. Springer-Verlag, Berlin.

Peczenik, A. (1989). *On Law and Reason.* Kluwer Academic Publishers, Dordrecht.

Peczenik, A. & Hage, J. C. (2000). Legal knowledge about what? *Ratio Juris*, Vol. 13, pp. 325 – 345.

Pollock, J. L. (1986). *Contemporary Theories of Knowledge*. Rowman & Littlefield, Totowa (New Jersey).

Pollock, J. L. (1987). Defeasible reasoning. *Cognitive Science*, Vol. 11, pp. 481 – 518.

Pollock, J. L. (1995). *Cognitive Carpentry: A Blueprint for How to Build a Person*. The MIT Press, Cambridge (Massachusetts).

Prakken, H. (1993). *Logical tools for modelling legal argument*. Dissertation Vrije Universiteit Amsterdam.

Prakken, H. (1997). *Logical Tools for Modelling Legal Argument. A Study of Defeasible Reasoning in Law*. Kluwer Academic Publishers, Dordrecht.

Prakken, H., Reed, C. & Walton, D. N. (2003). Argumentation Schemes and Generalisations in Reasoning about Evidence. *The Ninth International Conference on Artificial Intelligence and Law. Proceedings of the Conference*, pp. 32 – 41. ACM, New York (New York).

Prakken, H. & Sartor, G. (1996). A Dialectical Model of Assessing Conflicting Arguments in Legal Reasoning. *Artificial Intelligence and Law*, Vol. 4, pp. 331 – 368.

Prakken, H. & Sartor, G. (1998). Modelling Reasoning with Precedents in a Formal Dialogue Game. *Artificial Intelligence and Law*, Vol. 6, pp. 231 – 287.

Prakken, H. & Vreeswijk, G. A. W. (2002). Logics for Defeasible Argumentation. *Handbook of Philosophical Logic*, Second Edition (eds. D. M. Gabbay & F. Guenthner), Vol. 4, pp. 218 – 319. Kluwer Academic Publishers, Dordrecht.

Ranney, M. & Schank, P. (1998). Modeling, observing, and promoting the explanatory coherence of social reasoning. *Connectionist and PDP models of social reasoning* (eds. S. Read & L. Miller), pp. 245 – 274. Lawrence Erlbaum Associates, Hillsdale (New Jersey).

Reed, C. & Walton, D. N. (2001). Applications of Argumentation Schemes. *Argu-*

mentation and its Applications. Proceedings of the Fourth Biennial Conference of the Ontario Society for the Study of Argumentation (OSSA 2001) (eds. H. V. Hansen, C. W. Tindale, J. A. Blair & R. H. Johnson).

Rehg, W., McBurney, P. & Parsons, S. (2001). Computer Decision – Support Systems for Public Argumentation: Philosophical Issues in Deployment and E-valuation. *Argumentation and its Applications. Proceedings of the Fourth Biennial Conference of the Ontario Society for the Study of Argumentation* (OSSA 2001) (eds. H. V. Hansen, C. W. Tindale, J. A. Blair & R. H. Johnson).

Reiter, R. (1980). A Logic for Default Reasoning. *Artificial Intelligence*, Vol. 13, pp. 81 – 132.

Reiter, R. (1987). A Logic for Default Reasoning. *Readings in Nonmonotonic Reasoning* (ed. M. L. Ginsberg), pp. 68 – 93. Morgan Kaufmann Publishers, Los Altos (California). Reprinted from Reiter (1980).

Reiter, R. & Criscuolo, G. (1981). On interacting defaults. *Proceedings of the Seventh International Joint Conference on Artificial Intelligence* (IJCAI 81), pp. 270 – 276. Morgan Kaufmann Publishers, Los Altos (California).

Reiter, R. & Criscuolo, G. (1987). On interacting defaults. *Readings in Nonmonotonic Reasoning* (ed. M. L. Ginsberg), pp. 94 – 100. Morgan Kaufmann Publishers, Los Altos (California). Reprinted from Reiter & Criscuolo (1981).

Retalis, S., Pain, H. & Haggith, M. (1996). Arguing with the Devil: Teaching in Controversial Domains. *Intelligent Tutoring Systems, Third International Conference, ITS'96, Montréal, Canada, June 12 – 14, 1996* (eds. C. Frasson, G. Gauthier & A. Lesgold), Springer – Verlag, Berlin.

Rittel, H. W. J. & Webber, M. M. (1973). Dilemmas in a general theory of planning. *Policy Sciences*, Vol. 4.

Rolf, B. & Magnusson, C. (2002). Developing the art of argumentation. A software approach. *5th International Conference on Argumentation* (ISSA 2002), Amsterdam.

参考文献

Roth, A. C. (2003). *Case – based reasoning in the law. A formal theory of reasoning by case comparison.* Dissertation Universiteit Maastricht.

Ruiter, D. W. P. (1993). *Institutional Legal Facts. Legal Powers and their Effects.* Kluwer Academic Publishers, Dordrecht.

Schank, P. (1995). *Computational tools for modeling and aiding reasoning: Assessing and applying the Theory of Explanatory Coherence.* Dissertation University of California, Berkeley.

Simari, G. R. & Loui, R. P. (1992). A mathematical treatment of defeasible reasoning and its applications. *Artificial Intelligence*, Vol. 53, pp. 125 – 157.

Soeteman, A. (1989). *Logic in Law.* Kluwer Academic Publishers, Dordrecht.

Span, G. (2000). An Intelligent Tool for Acquiring Legal Case Solving Skills. *Rationality, Information and Progress in Law and Psychology. Liber Amicorum Hans F. Crombag* (eds. P. J. van Koppen & N. Roos), pp. 185 – 202. Metajuridica Publications, Maastricht.

Spier, J., Hartlief, T., van Maanen, G. E. & Vriesendorp, R. D. (1997). *Verbintenissen uit de wet en Schadevergoeding.* Kluwer, Deventer.

Stranieri, A. & Zeleznikow, J. (2000). Argumentation Structures for Knowledge Management. *Proceedings of the Third International Conference on the Practical Applications of Knowledge Management PAKeM – 2000*, pp. 51 – 69. The Practical Application Company, Blackpool.

Suthers, D. (1999). Representational Support for Collaborative Inquiry. *Proceedings of the 32nd Hawaii International Conference on the System Sciences (HICSS – 32)*, Institute of Electrical and Electronics Engineers (IEEE).

Suthers, D. & Weiner, A. (1995). Groupware for Developing Critical Discussion Skills. *Proceedings of CSCL'95: the First International Conference on Computer Support for Collaborative Learning* (eds. J. L. Schnase & E. L. Cunnius), pp. 341 – 348. Lawrence Erlbaum Associates, Mahwah (New Jersey).

Suthers, D., Weiner, A., Connelly, J. & Paolucci, M. (1995). Belvedere:

虚拟论证
——论法律人及其他论证者的论证助手设计

Engaging Students in Critical Discussion of Science and Public Policy Issues. *Proceedings of the 7th World Conference on Artificial Intelligence in Education* (AIED'95), pp. 266 – 273. Washington.

Thagard, P. (1992). *Conceptual revolutions*. Princeton University Press, Princeton (New Jersey).

Toth, J., Suthers, D. & Weiner, A. (1997). Providing Expert Advice in the Domain of Collaborative Scientific Inquiry. *8th World Conference on Artificial Intelligence in Education* (AIED'97).

Toulmin, S. E. (1958). *The uses of argument*. University Press, Cambridge.

van Dalen, D. (1983). *Logic and Structure. Second Edition*. Springer – Verlag, Berlin.

van Eemeren, F. H., Grootendorst, R. & Kruiger, T. (1981). *Argumentatietheorie*. Uitgeverij Het Spectrum, Utrecht.

van Eemeren, F. H., Grootendorst, R. & Kruiger, T. (1987). *Handbook of Argumentation Theory. A Critical Survey of Classical Backgrounds and Modern Studies*. Foris Publications, Dordrecht. Translation of van Eemeren et al. (1981).

Veerman, A. (2000). Computer – supported collaborative argumentation through argumentation. Dissertation Universiteit Utrecht.

Verheij, B. (1996a). *Rules, Reasons, Arguments. Formal studies of argumentation and defeat*. Dissertation. Universiteit. Maastricht. See < www. ai. rug. nl/ ~ verheij/ publications/ proefschrift/ >.

Verheij, B. (1996b). Two approaches to dialectical argumentation: admissible sets and argumentation stages. *NAIC'96. Proceedings of the Eighth Dutch Conference on Artificial Intelligence* (eds. J. – J. Ch. Meyer & L. C. van der Gaag), pp. 357 – 368. Universiteit Utrecht, Utrecht. A preliminary version was presented at the Computational Dialectics Workshop at FAPR – 96. June 3 – 7, 1996, Bonn.

Verheij, B. (1998a). Argue! – an implemented system for computer – mediated defeasible argumentation. *NAIC'98. Proceedings of the Tenth Netherlands/Belgium*

Conference on Artificial Intelligence (eds. H. La Poutré & H. J. van den Herik), pp. 57 – 66. CWI, Amsterdam.

Verheij, B. (**1998b**). ArguMed – A Template – Based Argument Mediation System for Lawyers. *Legal Knowledge Based Systems. JURIX: The Eleventh Conference* (eds. J. C. Hage, T. J. M. Bench – Capon, A. W. Koers, C. N. J. de Vey Mestdagh & C. A. F. M. Grütters), pp. 113 – 130. Gerard Noodt Instituut, Nijmegen.

Verheij, B. (**1999a**). Automated Argument Assistance for Lawyers. *The Seventh International Conference on Artificial Intelligence and Law. Proceedings of the Conference*, pp. 43 – 52. ACM, New York (New York).

Verheij, B. (**1999b**). Logic, context and valid inference. Or: Can there be a logic of law? *Legal Knowledge Based Systems. JURIX 1999: The Twelfth Conference* (eds. H. J. van den Herik, M. – F. Moens, J. Bing, B. van Buggenhout, J. Zeleznikow & C. A. F. M. Grütters), pp. 109 – 121. Gerard Noodt Instituut, Nijmegen.

Verheij, B. (**2000a**). DEFLOG – a logic of dialectical justification and defeat. Manuscript. See < www. ai. rug. nl/ ~ verheij/ publications/ DefLog15. Htm >.

Verheij, B. (**2000b**). Dialectical Argumentation as a Heuristic for Courtroom Decision Making. *Rationality, Information and Progress in Law and Psychology. Liber Amicorum Hans F. Crombag* (eds. P. J. van Koppen & N. Roos), pp. 203 – 226. Metajuridica Publications, Maastricht.

Verheij, B. (**2001a**). Evaluating arguments based on Toulmin's scheme. *Argumentation and its Applications. Proceedings of the Fourth Biennial Conference of the Ontario Society for the Study of Argumentation* (*OSSA* 2001) (eds. H. V. Hansen, C. W. Tindale, J. A. Blair & R. H. Johnson).

Verheij, B. (**2001b**). Legal decision making as dialectical theory construction with argumentation schemes. *The 8th International Conference on Artificial Intelligence and Law. Proceedings of the Conference*, pp. 225 – 226. ACM, New York (New York).

Verheij, B. (2003a). DefLog: on the logical interpretation of prima facie justified assumptions. *Journal of Logic and Computation*, Vol. 13, No. 3, pp. 319 – 346.
Verheij, B. (2003b). Artificial argument assistants for defeasible argumentation. *Artificial Intelligence*, Vol. 150, No. 1 – 2, pp. 291 – 324.
Verheij, B., Hage, J. C. & van Maanen, G. E. (1999). De logica van de onrechtmatige daad. *Nederlands Tijdschrift voor Burgerlijk Recht*, Vol. 16, No. 4, pp. 95 – 102.
Vreeswijk, G. A. W. (1995). IACAS: an Implementation of Chisholm's Principles of Knowledge. *Dutch/German Workshop on Nonmonotonic Reasoning. Proceedings of the Second Workshop*, pp. 225 – 234. Delft University of Technology, Universiteit Utrecht.
Vreeswijk, G. A. W. (1997). Abstract argumentation systems. *Artificial Intelligence*, Vol. 90, pp. 225 – 279.
Wagenaar, W. A., van Koppen, P. J. & Crombag, H. F. M. (1993). *Anchored Narratives. The Psychology of Criminal Evidence*. Harvester Wheatsheaf, London.
Walton, D. N. (1996). *Argument Schemes for Presumptive Reasoning*. Lawrence Erlbaum Associates, Mahwah (New Jersey).
Walton, D. N. (1998). *The New Dialectic: Conversational Contexts of Argument*. University of Toronto Press, Toronto.
Walton, D. N. & Krabbe, E. (1995). *Commitment in Dialogue. Basic Concepts of Interpersonal Reasoning*. State University of New York Press, Albany (New York).

网页地址

Araucaria

< www. computing. dundee. ac. uk/staff/creed/research/araucaria. html >

Argue! & ArguMed systems

< www. rechten. unimaas. nl/metajuridica/verheij/aaa/ >

Athena

< www. athenasoft. org >

Belvedere (applet version)

< lilt. ics. Hawaii. edu/lilt/software/belvedere/applet. html >

Computer – Supported Collaborative Argumentation Resource Site

< kmi. open. ac. uk/people/sbs/csca/ >

Concince Me

< dewey. soe. berkeley. edu/ ~ schank/convinceme/ >

Conflict resolution web site

< www. mediate. com >

GeNIe

< www2. sis. pitt. edu/ ~ genie/ >

Hermes

< www – sop. inria. fr/aid/hermes/ >

Logic animations

< turing. wins. uva. nl/ ~ jaspars/animations/ >

虚拟论证
——论法律人及其他论证者的论证助手设计

MarshalPlan
  < tillers. net/marshal. html >

Nathan
  < www. cs. wustl. edu/ ~ loui/natnathan. text >

Oscar
  < www. u. arizona. edu/ ~ pollock/oscar. html >

Reason！Able
  < www. goreason. com >

Resources on case management and litigation support
  < www. digital – lawyer. com/digital – lawyer/resource/caseman. html >

Room 5
  < www. cs. wustl. edu/ ~ room5/ >

The Reason！project
  < www. philosophy. unimelb. edu. au/reason/ >

Weblog about computer – supported governance and democracy
  < www. tfgordon. de >

Wise，including KIE's SenseMaker
  < wise. berkeley. edu >

Workshop on Computer – Supported Collaborative Argumentation for Learning Communities
  < kmi. open. ac. uk/people/sbs/csca/cscl99/ >

Workshop on online dispute resolution at ICAIL 2003
  < www. odrworkshop. org >

Zeno
  < zeno. fhg. de >

索 引

A

ABEL,ABEL 系统,79
Accrual of reasons,理由累积,21
Aleven,埃雷文,14
Alternative dispute resolution,可替争议解决,15
Anchored narratives,锚定叙事,9
Application of the law to cases,法律案例适用,7
　As a process,作为过程,9
Araucaria,Araucaria 系统,14,79
Argue!,Argue! 系统,12 – 14,17 – 28,120 – 122,126 – 127
　Argument evaluation,论证评价,20,21,26,27
　Argument structure,论证结构,20
　Argumentation theory,论证理论,19 – 22
　Evaluation algorithm,评价算法,26,27
　Example case,案例实例,22 – 25

　Historical development,历史发展,12 – 14
　Program design,程序设计,25 – 27
ArguMed 2.0,ArguMed 2.0 系统,29 – 51,120 – 122,126 – 127
　Argument evaluation,论证评价,36 – 41
　Argument structure,论证结构,31 – 36
　Argumentation theory,论证理论,31 – 41
　Evaluation algorithm,评价算法,48 – 50
　Example case,案例实例,42 – 44
　Historical development,历史发展,12 – 14
　Program design,程序设计,44 – 49
　Test protocol,测试协议,50,131 – 134
　User evaluation,用户评价,50,51
ArguMed 3.0,ArguMed 3.0 系统,53 – 76,120 – 122,126 – 127
　Argument evaluation,论证评价,58 – 61,63 – 65
　Argumentation structure,论证结构,55 – 58

Argumentation theory, 论证理论, 55-67
   DefLog, DefLog 理论, 63-67
   Evaluation algorithm, 评价算法, 72
   Example case, 案例实例, 67-70
   Historical development, 历史发展, 12-14
   Program design, 程序设计, 70-75
   Stop criteria, 终止标准, 61-63
   User evaluation, 用户评价, 75, 76
Argument analysis, 论证分析, 14
Argument assistance, 论证辅助, 10-14
Argument assistants, 论证助手, 3, 4, 10-14, 77-94, 122-130
   Argument evaluation, 论证评价, 92-94
   Functionality, 功能性, 92-94
   Statement types, 命题类型, 91, 92
   Structuring elements, 结构元素, 91, 92
   Undercutters, 底切, 91, 92
   User interface, 用户界面, 92-94
   Visualization of arguments, 论证可视化, 92-94
   vs. automated reasoners, 自动推理机, 10-12, 130
   Warrants, 依据, 91, 92
Argument evaluation, 论证评价, 6, 14, 20, 21, 26, 27, 36-41, 58-61, 63-65, 101, 103, 104, 107, 108, 111, 112, 114, 116, 118, 119, 121, 122, 127
Argument mediators, 论证调停者, 14, 77-94, *see also* Argument assistants, 另参见论证助手
Argument moves, 论证活动, 31, 44, 71
Argument structure, 论证结构, 20, 31-36, 55-58
Argument templates, 论证模板, 44
Argumentation diagrams, 论辩图, 21
Argumentation schemes, 论证图式, 129
Argumentation stages, 论辩阶段, 20, 21
Argumentation theory, 论证理论, 12-14, 19-22, 31-41, 55-67
Argumentation type, 论证类型
   Free, 不受约束的, 22, 128
   Issue-based, 基于争议的, 22, 128
   Premise-based, 基于前提的, 22, 128
Argumentative tasks, 论辩任务, 4
Artificial intelligence and law, 人工智能与法, 97
Artificial intelligence, 人工智能, 10-14, 97
Ashley, 阿什利, 14, 42, 68
Asser-Hartkamp 4-Ⅲ, 阿塞-哈特卡普 4-Ⅲ, 40
Assumptions, 假定, 36, 58, *see also*

索　引

Prima facie assumptions, Statement types, 另参见初步假定, 命题类型
Athena, Athena 软件, 79
Attack licenses, 攻击凭证, 121
Attack loops, 攻击循环, 27, 48, 57, 60, 66, 73
Attack preclusions, 攻击排除, 121
Attack, 攻击, 12 – 14, 20, 32
Automated reasoning, 自动推理, 10 – 12, 130

B

Backings, 支持, 支撑, 65, 99
Backward argumentation, 后向论证, 21
Barwise, 巴威斯, 79
Bell, 贝尔, 83
Belvedere, Belvedere 系统, 14, 78 – 81, 91 – 94, 122
Bench – Capon, 本奇 – 卡朋, 14, 62, 98, 125
Bondarenko, 邦达伦科, 64, 115, 143
Brouwer, 布劳威尔, 15

C

Case management, 案例管理, 15
Case – based reasoning, 基于案例的推理, 42, 68
CATO, CATO 系统, 14

Chesñevar, 彻斯内瓦尔, 97, 125
Coherentist views of justification, 融贯主义证成观点, 62, see also Explanatory coherence, 另参见解释融贯
Computer – supported argumentation, 计算机支持的论证, 14
Computer – supported collaborative work, 计算机支持的协调工作 15
Conditionals, 条件, 13, 14, 56, 63
Convince Me, Convince Me 系统, 81 – 83, 91 – 94
Coordination of arguments, 论证的协调, 20, 32
Counterargument, 反论证, 19
Counterargument-triggered defeat, 反论证触发击败, 21
Criscuolo, 克里斯库奥洛, 103
Crombag, 克罗姆巴格, 9, 15
CumulA, CumulA 模型, 12, 19, 106, 117, 118, 120, 126
CumulA's generalized defeaters, CumulA 模型的广义击败关系, 117, 118

D

Defeasible argumentation, 可废止论证, 3, 5, 6, 14, 19, 95 – 122, see also Pros and cons, Warrants, Argument evaluation, Theory construction, 另参

见支持与反对，依据，论证评价，理论构建

Argument – based approach，基于论证的方法，127，128

Statement – based approach，基于命题的方法，127，128

Defeaters，击败关系，12，21，23，117，118

DefLog，DefLog 理论，14，55，61，63 – 67，106，120 – 122，126，135 – 143

 Argument，论证，135

 Attack，攻击，63，64

 Dialectical interpretation，论辩性解释，63 – 65

 Dialectical negation，论辩性否定，63

 Dialectically ambiguous sentences，论辩含混的语句，136

 Dialectically defeasible sentences，论辩可废止的语句，136

 Dialectically interpretable sentences，论辩可解释的语句，136

 Dialectically justifiable sentences，论辩可证成的语句，136

 Extensions，扩充，63 – 65

 (In) compatibility，（不）相容性，135

 Multiplicity of extensions，扩充的多重性，66，67，137 – 140

 Non-existence of extensions，不存在扩充，66，67，137 – 140

 Support，支持，63，64

DiaLaw，DiaLaw 模型，法律会话模型，14

Dialectical arguments，论辩性论证，12 – 14，32，34，55 – 58

Dialectical interpretation，论辩性解释，63 – 65

Dialectical justification，论辩性证成，135，136，140

Dialogue aspects of argumentation，论辩的对话方面，5，9，14，97，129

Diehl，迪尔，81

Dispute resolution，争议解决，15

Domain knowledge，领域知识，129

d – Prolog，d – Prolog 系统，79

Dung sentences，董式语句，141

Dung theories，董式理论，141

Dung，董番明，20，63，64，115，116，120，127，135，140 – 143

Dung's admissible sets of arguments，董番明的论证可达集，115，116，140 – 143

E

ECHO，ECHO 模型，81

E – democracy，电子民主，15

E – governance，电子管理，15

Epistemology，认识论，15，62，81

Etchemendy,埃切蒙迪,79

Evaluation algorithm,评价算法,26,27,48–50,72

Evidence,证据,9,15

Example case,案例实例,15,22–25,42–44,67–70

Exceptions,例外,7,see also Undercutters,Rebutters,另参见底切,反驳

Existence of extensions,存在扩充,see Non-existence of extensions,参见扩充不存在

Explanatory coherence,解释融贯 81

Extensions,扩充,63–65

F

Forward argumentation,前向论证,21

G

Gabbay,加贝,97,125

Gamut,伽马特,106

Gelfond,格尔方德,63

GeNIe,GeNIe 系统,79

Global argument evaluation,全局论证评价,127

Gordon,戈登,14,15,89

Graphical representations,图形表示,129

Grootendorst,格罗顿道斯特,20,97

H

Haenni,汉尼,79

Hage,哈赫,12–15,20,62,97,118,119

Hanging premises,悬而未决前提,38

Hart,哈特,97

Hartlief,哈特雷夫,40

Hermes,Hermes 系统,89–94

Historical development of the prototypes,原型的历史发展,12–14

Hogger,霍格,125

Hunter,亨特,11

Huygen,惠更斯,15

HYPO,HYPO 系统,14

I

IACAS,IACAS 系统,79

IBIS,IBIS 模型,89

Inconsistency-triggered defeat,不一致触发击败,21

Inference licences,推论凭证,see Warrants,参见依据

Issues,争议,37,58,see also Statement types,另参见命题类型

J

Jaspars,雅斯贝尔斯,79

Judge as bouche de la loi,作为法律口

舌的法规, 7, 8
Justness, 公正性, 9

K

Karacapilidis, 卡拉卡帕里底斯, 89
Knowledge acquisition, 知识获取, 11, 12
Knowledge Integration Environment (KIE), 知识集成环境, 83
Knowledge management, 知识管理, 15, 130
Knowledge representation, 知识表示, 12, 12, 130
Kohlas, 科拉斯, 79
Kowalski, 科瓦尔斯基, 115
Krabbe, 克拉贝, 97

L

Language understanding, 语言理解, 11
Layered view of defeasible argumentation, 可废止论辩的分层观点, 112
Leenes, 里雷斯, 12, 119
Legal argumentation, 法律论证, 4, 5–10
Legal decision making, 法律决策, 11
Legal epistemology, 法律认识论, 15, 62
Legal equality, 法律平等, 9
Legal logic, 法律逻辑, 15
Legal reasoning, 法律推理, see Legal argumentation, 参见法律论证
Legal rules, 法律规则, 7–10, see also Backings, Warrants, 另参见支持, 依据
Ambiguity, 模糊性, 8
Defeasibility, 可废止性, 8
Gaps, 空缺, 8
Legal security, 法律安全, 9
Lehmann, 莱曼, 79
Leng, 保罗·冷, 14
Liar's paradox, 说谎者悖论, 61
Lifschitz, 列夫席兹, 63
Lines of argumentation, 论辩路线, 48
Litigation support, 诉讼支持, 15
Localization property, 局域化性质, 138
Lodder, 洛德, 14, 15, 119
Logic programming, 逻辑编程, 140
Logical validity, 逻辑有效性, 6
Loui, 路易, 20, 79, 88, 97, 125

M

MacCrimmon, 麦克里蒙, 15
Magnusson, 马格努森, 79
Maguitman, 马古伊特曼, 125
MarshalPlan, MarshalPlan 程序与工具集, 79
Mediation, 调停, 15
Mediators, 调停者, see Argument mediators, 论证调停者

Modus ponens，分离规则，33，85，109

Mommers，墨梅尔斯，15

Multiplicity of extensions，扩充的多重性，66，67，137-140

Muntjewerff，姆提耶维尔夫，79

N

NATHAN，NATHAN 系统，79

Non-compactness，非紧致性，66，67

Non-existence of extensions，不存在扩充，66，67，127-140

Nonmonotonic logic，非单调逻辑，6，97，125

Norvig，诺维格，10

Nute，纽特，79

O

Online dispute resolution，在线争议解决，15

On-pointness of precedents，先例的切中性，68

OSCAR，OSCAR 架构，79，105

P

Paolucci，保卢奇，81

Papadias，帕帕底亚斯，89

Parallel strengthening，并行强化，20

Peczenik，佩兹尼克，15

Pleadings Game，诉讼博弈模型，14

Pointer spaghetti，意大利面式指针，89

Pollock，普洛克，13，15，20，21，23，31，65，79，87，99，103，104-111，118，120，121，127，128

Pollock's rebutting and undercutting defeaters，普洛克的反驳与底切击败理由，104-110

Pragmadialectics，语用论辩术，97

Prakken and Sartor's winning strategies，普拉肯与沙托尔的获胜策略，113-115

Prakken，普拉肯，13，15，15，97，103，107，112-115，120，125

Premises，前提，see Hanging premises，参见悬而未决前提

Prima facie assumptions，初步假定，63，127

Process of argumentation，论辩过程，19

Program design，程序设计，25-27，44-49，70-75

Property of separation at the base，底部分离性质，139

Pros and cons，支持与反对，5，99，100，102，103，105-106，111，113-115，117，119，120

R

Ranney，兰尼，81

Reason! Able, Reason! Able 系统, 84-88, 91-94

Reason-Based Logic, 基于理由的逻辑, 20, 22, 118-120

Rebutters, 反驳, 21, 65, 105

Reed, 里德, 14, 15, 79

Reinstatement, 复效, 21, 66

Reiter, 瑞特, 63, 64, 102-104, 119, 120, 140

Reiter's logic for default reasoning, 瑞特的缺省推理逻辑, 102-104

Rescher, 雷斯切, 97

Rittel, 里特尔, 89

Robinson, 罗宾逊, 125

Rolf, 拉尔夫, 79

Room 5, Room 5 系统, 88, 89, 91-94

Roth, 罗斯, 42, 68

Ruiter, 鲁伊特, 15

Russell, 罗素, 10

S

Sartor, 沙托尔, 62, 113-115, 120

Schank, 尚克, 81

SenseMaker, SenseMaker 工具, 83, 84, 91-94

Sequential weakening, 序贯弱化, 20

Shum, 岑, 15

Simari, 西马里, 20

Simon, 西蒙, 10

Soeteman, 舒伊特曼, 15

Sorites paradox, 连锁悖论, 21

Span, 斯潘, 79

Spier, 施皮尔, 40

Stage, 阶段, see Argumentation stages, 参见论辩阶段

Statement types, 命题类型, 36, 37, 58, 91, 92

Step warrant, 步骤依据, 33

Step-by-step argument evaluation, 逐步论证评价, 127

Stop criteria, 终止标准, 61-63

Stranieri, 斯特尼尔里, 15

Subordination of arguments, 论证的从属结构, 20, 32

Support licences, 支持凭据, 121, see also Warrants, 另参见依据

Support preclusions, 支持排除, 121, see also Undercutters, 另参见底切

Support, 支持, 12-14

Suthers, 萨瑟斯, 14, 79, 80, 81, 122

T

Tarski's World, 塔斯基语义世界, 79

Test protocol, 测试协议, 50, 131-134

Textual representations, 文本表示, 129

Thagard, 萨加德, 81

Theory comparison, 理论比较, 62

Theory construction, 理论构建, 5, 7 – 10, 102, 104, 108 – 110, 112, 115, 116, 118 – 120, 122

Dialectical, 论辩性, 9

Tillers, 提勒斯, 15, 79

Toni, 托尼, 115

Toth, 托斯, 81

Toulmin, 图尔敏, 6, 65, 80, 88, 97, 98 – 102, 106, 120 – 122, 127, 128

Toulmin's argument scheme, 图尔敏的论证图式, 98 – 102

U

Undercutter warrants, 底切依据, 13, 33

Undercutters, 底切, 13, 21, 31, 65, 87, 91, 92, 99, 103, 105, 127, 128

Union property, 联合性质, 139

User evaluation, 用户评价, 12 – 14, 50, 51, 75, 76, 128

User interface, 用户界面, 12 – 14, 92 – 94

  Move – centred, 以活动为中心, 127, 128

  Structure – centred, 以结构为中心, 127, 128

V

Van Dalen, 范达伦, 106

Van Eemeren, 范爱默伦, 20, 97, 98, 117

Van Gelder, 范格尔德, 14, 84

Van Koppen, 范柯本, 9, 15

Van Maanen, 范马南, 15, 40

Veerman, 费尔曼, 14

Visualization of arguments, 论证可视化, 92 – 94

Vreeswijk, 弗雷斯维克 20, 21, 79, 97, 110 – 112, 120, 125

Vreeswijk's abstract argumentation systems, 弗雷斯维克的抽象论证系统, 110 – 112

Vriesendorp, 维森多普, 40

W

Wagennar, 瓦格纳尔, 9, 15

Walton, 沃尔顿, 14, 15, 79, 97

Warranted dialectical arguments, 有依据的论辩性论证, 34

Warrants, 依据, 6, 14, 33 – 36, 65, 88, 91, 92, 99 – 101, 103, 106, 111, 114 – 117, 119, 121, 127, 128

Weak negation, 弱否定, 113

Web-based Science Inquiry Environment

(WISE),基于网络的科学探询环境,83

Webber,韦伯,89

Z

Zeleznikow,泽里兹利格,15

Zeno,Zeno 项目,89-94

声　明　1. 版权所有，侵权必究。
　　　　2. 如有缺页、倒装问题，由出版社负责退换。

图书在版编目（CIP）数据

虚拟论证：论法律人及其他论证者的论证助手设计/（荷）维赫雅著；周兀译.—北京：中国政法大学出版社，2016.1
ISBN 978-7-5620-6439-8

Ⅰ.①虚…　Ⅱ.①维…　②周…　Ⅲ.①法律逻辑学　Ⅳ.①D90-51

中国版本图书馆CIP数据核字(2015)第280007号

出 版 者	中国政法大学出版社
地　　址	北京市海淀区西土城路25号
邮寄地址	北京 100088 信箱 8034 分箱　邮编 100088
网　　址	http://www.cuplpress.com （网络实名：中国政法大学出版社）
电　　话	010-58908289(编辑部)　58908334(邮购部)
承　　印	固安华明印业有限公司
开　　本	880mm×1230mm　1/32
印　　张	5.75
字　　数	140千字
版　　次	2016年1月第1版
印　　次	2016年1月第1次印刷
定　　价	28.00元